青木さやかの「反省道」

50歳。
はじまりの音しか聞こえない

世界文化社

50歳。はじまりの音しか聞こえない

青木さやかの「反省道」

目次

1973年生まれ。〝勝ち組〟になれなくて

1973年3月生まれである。いわゆる団塊ジュニア。

両親は昭和23年。団塊の世代。第一次ベビーブームに生まれており、わたしは第二次ベビーブーム。親もわたしも、日本で最も人口の多い世代だということになる。

「ご両親が団塊の世代で、さやかちゃんが団塊ジュニア。まさに影響を受けてきたんでしょうね、そんな感じする」

と、年上の友人に言われた。

「そうなんですかね」

「なんかね、母娘関係に悩んでいるのも、さやかちゃんたちの世代が多いって気がするしね」

「はい」

「ほら、さやかちゃんからするとお母さんに否定的だったのかもしれないけど、私からするとさ、団塊の人たちって大変だったと思うの」

「なにがですか？」

「昭和20年に戦争が終わって、急にアメリカの教育が入ってきたわけ、で民主主義だ男女平等だと学校では叩き込まれるわけ。だけど家では戦争前の古い考えの親がいるわけよ。封建的でしょう。完全なる主従関係。男女共学って団塊の人たちからだから」

「それまでは、なかったんですか共学」

「おばあちゃんは女学校だったと思うよ」

「ああ、そうですね、そう言ってました」

「だからね、家での教育と、学校での教育は全く違ったはず。頭ぐちゃぐちゃになったんじゃないかな」

「ふむふむ」

「男女平等、と言いながら、家では、ほら、お茶も自分で淹れたことのないおじいちゃんがいたわけだから、それでおばあちゃんは主婦としておじいちゃんを疑問ももたず支えてきたわけだから」
「大変ですね」
「そう思うよ、団塊の世代は第一次ベビーブームでしょう、人数が多かったわけだから目立たなきゃならなかったわけよ、競争して」
「はい」
「頑張ればなんとかなる、という思想は、団塊世代にはあるよね」
「その思想は、わたしも、あるかも」
「団塊ジュニアも人数多くてね、それはあるよね」
「暑苦しいですね、頑張ればなんとかなるって」
「まあね」
「はい」
「お母さんは、その競争社会で大学を出て、教師になって、校長先生まで勤め上げて、よほど努力したと思うよ」
「はい」
「団塊の世代の人たちは、そりゃあ一概には言えないけれど、子どもには強い希望をもったと思うよ」

「そうなんですかね」
「幸せになってほしいから、親は誰だって子どもには」
「まあ、それは、そうですね」
「だけど、実は、お母さんはお母さんで、自分の母親に対して、思うところがあったんじゃないかな、と思うの」
「ですかね」
「そう想像するね」
「死んじゃいましたからね、聞けないけど」
「そうだね」
「聞けないですけどねえ」
「そうね」

自分としては団塊ジュニアを意識して生きてきたつもりはないし、団塊ジュニアの特徴を理解して生きてきたわけでもなく、それに自分が当てはまるのかも謎であるが、他の世代からみれば、きっと特徴的な部分があるのだろう。

子どもの頃読んでいた漫画で一番記憶に残っているのは、広島原爆がテーマの

『はだしのゲン』である。おばあちゃんちでとっていた新聞で連載していたのを、ひいおばあちゃんが漫画だけを切り抜いて、まとめて一冊の漫画本みたいにしてくれて繰り返し読んでいた。ゲンという男の子が主人公の戦中戦後の話である。ゲンと母親の前で、父親とゲンの姉弟が火にまかれて叫びながら死んでいく。母親は心が壊れて笑い出す。

思い出しただけでも、ウウと心が重たくなる、きっと実話である。わたしの頭にはゲンが強く残っている。

よくみていたドラマは、『大草原の小さな家』である。NHKで放送されていた。アメリカの開拓時代、インガルス一家の家族愛をテーマにしたファミリードラマである。オープニングこそ楽しげに始まるものの、この一家は大変で、近所の人に意地悪されたりお金がなかったりお姉さんの目がみえなくなったり、毎回困難なことが起こるのだ。それを家族で乗り越える。お父さんが娘を抱きしめて明日へ向かうのだ。そして翌週は、また困難。いま思い出してみると決して明るい気持ちにはならないが、わたしはこのドラマが大好きだった。

うろ覚えだが小学校の頃、夏休みにやっていたお昼のドラマを思い出す。子どもが病気になるというドラマだった。骨肉腫とか、そういった類のドラマで、これも決して明るい気持ちにはならなかったが記憶に強く残っている。

小学校の授業で、黒いカーテンをしめて教室の斜め上にあるクラス全員でみるにしては小さめなテレビでみた、NHK『こどもにんぎょう劇場』の『パンをふんだむすめ』も強烈に覚えている。インゲルという娘がパンを踏んだ罪で沼に落ちていなくなる、という話である。最後は美しい声による、〝パンをふんだ娘　パンをふんだ罪で　どこまで落ちる　神さまに背いたインゲル神さまに背いたインゲル　どこまで落ちる〟※、という歌とともに、インゲルは沼に沈んでいくのだ。

チャイムが鳴って、カーテンを先生があけて、放課後になって、みんながやがやといつも通りの教室に戻ったのだが、わたしはそのギャップも怖くて、だけど誰にも「こわかった」と伝えずに日常に戻った。いまだに怖い。

「カルピスこども劇場」「ハウス食品　世界名作劇場」もうちではよくみていた。『フランダースの犬』『母をたずねて三千里』『小公女セーラ』などもよく覚えている。どれもこれも困難な思いを子どもがするアニメである。

わたしの母は、こういった作品をチョイスしてわたしにみせていたのだと思う。これがいい、と思っていたということだ。

※『パンをふんだ娘』作詞／北沢杏子

いま親になって、母は何故このチョイスをしたのだろう、と疑問に思う。

幼少期に何をみせて何を聞かせるのか、それは洗脳といってよいと思うのだが、わたしのチョイスと母のチョイスはだいぶ違う。

母のチョイスによる刷り込みは、楽しいより先に、「人生とは、まずは困難だ、困難だ、頑張れ！」ということを植え付けることにはならないだろうか（母を否定しているのではなくて単純に疑問として）。

目と耳に入ったものの影響があったかどうかはわからないが、わたしは「明るいわけではない」性格になった。

わたしには弟がいるが、同じように2人姉弟は学校にも多くいた。当時は一人っ子という方が珍しかったと思う。

だれかが言った。

「あそこは一人っ子だからね」

こういった話は漏れ聞こえてきて、それはポジティブな使い方ではなかった。

「まま母」という言葉も、ポジティブには使われていなかった。漫画のように意地悪なまま母をわたしは知っている。自分がお腹をいためて産んだ子と、先妻の子と、どうしてこれほどまでに差をつけられるものか、と子ども心に驚いた。自分の気持ちにここまで正直になる大人の女がいることに驚いて、やはり人生とは困難だ、と思った。

中学校に入ると、とにかく人数の多い我々の学年は11クラスあって、一クラスは44人くらいいた。同じ学年でも知らない子たちは多かった。ドラマ『スクール・ウォーズ』が流行っていて、たまに隣町だかの中学生が攻めてきて、授業中に窓ガラスが割られ、ガシャーンという音が鳴り響いていた。ヤンキーと呼ばれる男子たちはいたが、人気があったし、わたしも嫌いじゃなかった。一度カツアゲされたお金をヤンキーの男の子が取り返してくれて、ヤンキーの株がぐんぐん上がった。わたしは字を書くのがとても上手かったから、ヤンキーの男子たちはわたしのところへきて、

「青木、体育休ませますって大人みたいな字で書いてよ」

と頼んできた。わたしはもちろん喜んでやらせてもらい、ヤンキーたちは体育を休みたいときはわたしの前に並んだ。

同じクラスの男子は、CHAGE and ASKAにハマっていて、『万里の河』の入っているカセットテープをわたしに貸してくれた。わたしは繰り返しC

HAGE and ASKAを聴いた。

学校の木の机には、誰かが彫刻刀で彫った尾崎豊の歌詞が書いてあった。〝支配からの卒業〟と書いてあった。わたしは幼くて、その歌詞の意味がよくわからないけれど、鬱屈した気持ちを抱えている誰かが、わたし以外にもこの中学校にいるんだ、と少しホッとした。

先生たちからのビンタは当たり前だった。運動部とはそういうものだと思っていたし、さほど嫌でもなかった。どんな理由でビンタされたかは覚えていないけれど、中学のときも高校のときも、明らかに理不尽な教師はいた。お気に入りの子には優しく、嫌われると大変なことになるということはあった。わたしは嫌われる方に入ったこともあって、学校を辞めたいな、と思ったこともある。徐々に学校にも行かなくなっていった。もしかしたら学校をそんなような理由でそっと転校した子もいるかもしれない。わたしは、とても嫌だったけれど、声を上げる気なんてさらさらなかった。これ以上嫌われるわけにはいかないし、ターゲットが他にうつるまでそっとそっと、やり過ごすことしかしなかった。話し合ったって仕方ない。理不尽な大人の前で、子どもは無力だと思う。

わたしは、早く大人になりたかった。

何一ついいことがないんだから。

受験をして高校に入ってみたら一番に言われたことは、卒業後の進路についてだったように記憶している。受験が終わって、すぐに受験の話を聞くことになった。高校とは、わたしにとって、中学と大学を結ぶ通過点だったように思う。なにかにつけて、偏差値が出て、それをみながら行ける大学を調べた。将来の目標なんてなかった。大学に行けば見つかるのかもしれない。

同級生は、友達でもあったがライバルでもあった。

偏差値や、マラソンの速さや、ファッションや、ルイ・ヴィトンのバッグや人気や、いつもいろんなもので心の隅では競い合っていたように思うし、勝ち上がることがそこから抜けることだと思っていたし、序列はつくものだと思っていた。クラスの席順は、成績順のこともあったし、頭のいいクラスというのもあった。先生たちは大変だったと思う。大学にせよ短大にせよ専門学校にせよ就職にせよ、生徒たちの行き先をとにかくどこかに決めさせないと、と思っていたのではないか。

わたしは、大学受験を希望した。本命はあったし、すべり止めで短大もいくつか受けた。結果、全ての大学・短大に落ちた（すべり止めと思ってた、わたしって一体)。

この「すべり止め」的発想は、わたしの中にたまに出てくるのだが、「すべり止め」と安心材料に思っていたものがなくなる、ということはよくあって、たとえば、ここが落ちてもここがある、この人がダメでもこの人がいる、などと思っていると、そこにフラれることがある。そうなると、さほど好きでもなかった人からフラれるみたいなことになり、

「やだ、そっちから断るわけ？　わたしだって本気じゃなかったんですけど」

みたいなことになり、悔しいやら恥ずかしいやら。今は、「すべり止め」なんていう発想をしていたわたしが違うんだろうと思う。もしわたしが、『バチェラー・ジャパン』に出て(みたことはないけど)バチェラー(きっと凄くいいオトコ)に、「青木さんはすべり止めですから」と言われたら辛い。

いや、すべり止めでもありがたいというのが正しいのだろうか(50歳バツイチ。子持ち。癌サバイバー。自分をクルマでたとえるならだいぶ安くガリバーで売られてるはず。もしや引き取ってもらえないかも！)。

ともかくわたしは受験に失敗し、河合塾という予備校に行くことになる。名古屋市の千種区にある河合塾には、予備校生がたくさんいた。わたしは、関関同立

クラスに入ることになった。予備校で、関関同立クラスに入れたことで、なんだか自尊心が満たされて、関関同立に入学できた気分になった。予備校は、人でごった返していた。毎日予備校には行っていたが授業はあまり聞いていなかった。友達とおしゃべりするのは楽しかったけど、ふと気づくと、わたしは大学受験に失敗したからここにいるんだよな、と落ち込んだ。とはいえ勉強に集中できるわけでもなく、千種駅近くの公園でよくポッキーを食べた。鳩がたくさん寄ってきて、一緒にポッキーを食べた。ある日、イチゴのポッキーを鳩にあげたら食べなかった。なぜだろう、と調べてみたら、鳩はピンク色は識別できないことがわかった。わたしが予備校生活で一番学んだことは、鳩はヒトとは色覚が異なるということだ。

わたしは、結局予備校に行かなくなり、近所の公民館で勉強した。最終的に語呂で覚える英単語を山ほど覚えて、大学になんとか入学した。どの大学に行きたいか？　そんなものはない。入れる大学に入れれば、それでいい。わたしは大学に行かないのは負け組だと思って育ったので、これで一応、勝ち組に入ったのだ。

大学生活は、それなりに楽しかったような気がする。

サークルに入ったり、授業と授業の合間に友達の車でお茶しに行ったり、バーみたいなところでバイトしたり、彼氏ができたりと、勉強以外は、なんでもした。

愛知県は、一家に1台というより、一人1台車を持っているような感じで、わたしも大学時代は自分の車で移動していた。

『私をスキーに連れてって』の映画をみて、流線形のセリカGT-FOURに乗った。三上博史と恋愛してる気分になった。

スキーも流行っていた。

ツアーでスキーに行った。

深夜のバスで早朝にスキー場に着く。志賀高原とか、苗場とか。何しろお洒落な響きだった。苗場。

朝方スキー場に着いて、宿が開くのを待ち、スキーウェアに着替えて、雪山に出て、リフトに乗って、おりて、またリフトに乗った。

なにも楽しくなかった。

寒いし、眠いし、うまく滑れないし、なんで雰囲気にのまれて何度もスキーツアーに行ったのか謎である。

一度なんて、つき合い出した先輩に誘われて、男女6人でツアーに行ったとき、わたしはその先輩しか知り合いがいなくて話し相手もいなかったのだが、ス

キー場にスキーウェアを着て現れたわたしに先輩は、

「スキーウェア、前後ろ違うよ」

とそっと耳打ちしてきた。

わたしは間違えてるのにカッコつけて登場した自分がおかしくてたまらなくなり、笑いが止まらなくなった。その様子を先輩は、ただじっとみていた。それから2泊3日、先輩はわたしに話しかけてこなかった。嫌われたんだと思うんだけど、その2泊3日は地獄だった。帰ってから手紙がきて、

「別れたい」

と書いてあった。わたしは
「スキーウェアを前後ろ間違えたからですか？」

と返事を出した。

そうしたら
「それだけじゃありません」

とまた返事がきて
「教えてください」

と聞いたら

「いや。別にないんだけど。青木って授業のチャイムが鳴ってから走ってるんだけど。僕、構内を走る人ってどうかと思う。カセットテープを貸したときに、最後まで巻き戻してなくて、巻き戻してほしかった。別にいいんだけど。ほら、今も、ベルトをさ、ベルト通しに通してない、通ってないよ、それ。知ってたかな？」

別にないんだけど？　気に入らないところ、羅列しましたよね。


「真面目な人かと思って、合うと思ったんだよね」

「わたし？　真面目は、真面目ですよ」

「だらしないのかな」

「だらしないんでしょうか」

「ごめんね」

「なにがですか？」

「つき合えなくて」

「大丈夫です」

「相談は、のれるから」

「なんのですか？」

「なんでも」

「ありがとうございます」

「構内で会ったら」

「はい」

「挨拶はしよう」

「はい」

「泣かないで」


気づいたらわたしは泣いていた。なんの涙かはわからないけど、なんて日だ！と思った。

大学時代は、暇でエネルギーが有り余っていた。

わたしの通う大学は、愛知県瀬戸市と岐阜県の県境で、山道を登っていったところにあった。広大な敷地内に煉瓦造りの校舎や小さな教会もあって、緑や木々も多く美しい風景であった。きらきらと太陽を浴びて光る池のまわりには、番《つが》いの白鳥がいた。

　わたしはその景色をみながら思った。早く社会人になりたい。いいことなんて、そんなにないんだから。綺麗な景色をみたって、ユーノス・ロードスターに乗り換えたって、好きな子とまるは食堂に海鮮食べに行ったって。そこまで心が躍らないいんだもの。わたしはずっと楽しくないいんだ。心が。

　ユーノス・ロードスターはグリーンだった。屋根は幌だった。中古で友人から買ったのだが、あるとき幌が破れた。雨が落ちてくるので、わたしは幌の穴の空いているところから傘をさしながら運転した。グリーンのロードスターがビニール傘をさして走っている、と街がざわついた。そんな楽しそうな毎日も、楽しいと思えなかった。

〝社会人になれば変わる〟。わたしは期待した。

　就職試験は全て落ちた。すべり止めとして受けた会社も全部落ちた。大学の進路相談の先生から、この企業だけは受けてはいけないよ、誰でも就職できるけど、と言われていた会社も落ちた。自信を失うには十分すぎる出来事だった。

　と言っても、きっとわたしだけではなかった。就職氷河期と呼ばれている時代で、大学卒業後、留学する者もいたし、結婚する者もいた。

わたしは、名古屋でタレントになった。と言っても仕事がたくさんあるわけではなく、ちらほらとイベントMCや、太平洋フェリーの船内MC、キャラクターショーの司会、選挙のウグイス嬢をやっていた。いつも多くのタレントたちと仕事を取り合うのだ。まず会社のマネージャーに覚えてもらわなくてはならない、オーディションに呼んでもらえるメンバーに選ばれなくてはならない、現地でスタッフさんに次も呼ぼうと思ってもらわなければならない、まあ、仕事とはそういうもんだが、それは競争に勝ち抜いてこそ残っていけるものだと信じて疑わなかった。司会のスキルは低かった。人間的なとっつきやすさは、ない方だった。

女性をウリにするのは、当たり前だった。

そんな部分で仕事とりたくないんだけど、なんて言いっこなしよ、というのはわかってた。わたしも、うまくやりたかった。男たちを褒めながら、触りながら、触られながら、バカにされながら、気に入られながら、持ち上げながら、時に落としながら、下ネタに笑いながら、乗っかりながら、乗っかり過ぎないようにしながら、帰りはタクシー代をもらいながら、男たちが帰ったあとは、コンパニオン仲間と「バカみたいなオトコ、簡単」と言いながら電車で帰る、それが楽にできたらどんなに良かっただろうか。それができていたら、まだ地元にいたかもしれない。できないから次をさがした、だって、うまくできないんだもの。

別に、そのオトコたちが憎かったわけでなくて、わたしは、うまくやりたかっただけで、たとえ好きなオトコにだって難しいんだ、わたしは。

テレビの中では、〝男女平等〟を声高に叫んでいる。〝男女平等〟とは、一体なんだろう。

上京したって、状況は変わらなかった。飲みに行けば、触り触られの世界だったし、気に入られないと呼んでもらえないこともあれば、同じような状況で「女性として真剣に気に入っている」というようなことになることもあり、わたしには、男女の機微は全くわからなかった。お酒の席での男女の雰囲気とは、どちらに進むかわからないのか、もしくはわたしが疎《うと》すぎるだけなのか。

「オトコは傷つきやすいんだからさ」

と言われたって、お酒ガンガン飲んで、触って、怒鳴って、謝って、甘えて、また怒鳴って、つぶれる。

そんなオトコたち、せめて傷ついてくんないかな。

なにしろ、わたしは男心がわからない。だから仕事で上に上がっていく手段、「オンナを出す」。これはわたしには使えなかった。わたしは、オトコと競争することにした。オトコに好かれるオンナはムリだから、オトコを追い抜かせばいい。

こんな考えをもつわたしは、オトコたちにとって目の上のたんこぶだったと思う。

仕方なかった。成功しなきゃならないし、うまくホステスできないし。

飲み会の席や電車の中でのオトコの視線には辟易《へきえき》していた。自意識過剰で被害者意識の強いわたしにピッタリのギャグが見つかった。


「どこ見てんのよ！」


秀逸なギャグ、心の叫びであった。

わたしは、競争して勝ち抜いて上っていった。きっとあの瞬間、日本一有名になった。上りつめたとき、わたしは思った。

勝った。


全然楽しくない。

50歳。「おばさん」の居場所って!?

気づけば50歳になっている。驚いた。ついこないだまで高校球児がお兄さんにみえていたのに、今じゃ街でみかけるおばさんたちまで年下だ。仕事に行けば、あれ？　わたしが一番年上だ、となることもあって、顔の整った若い子たちは、頑張っても見分けがつかず、話を盛り上げてみようとＢＴＳの話題を出してみるものの、仕方なく話に乗っかってくれてる空気感になる。話しかけられるまで黙ってた方がお互いの為ですよね、と、昨日道でみかけたお地蔵さんの表情で待つが誰も話しかけてこない。疎外されているのだろうか。いや、気のせい気のせい。お地蔵さんに戻りましょう自分。なむなむなむ。

「青木さんのこと、うちの母がすごく好きで」

若い女の子が気遣って話しかけてくれた。

「本当？　ありがとう、ありがとう、嬉しい、ありがとね」

執拗《しつよう》に感謝を伝える。

「いえ」

「ありがとね〜」

「……」

「……」

「……」

「お母さん、おいくつ？」

「45です、46かな」

「えー、わたしより若い。そうか。じゃあわたしがお母さんでもおかしくないいんだよね！」

おそろしいほどつまらない会話をチョイスしてしまった。

「いや、本当に、こんな美しいお嬢さんがいらして。手足が長くて。本当に」
「いえー」
「ありがとうね、話しかけてくれて。本当にありがとうね」

下手に出る先輩おばさん。

「またね、お母さんによろしくね」
「はい」

こんなに会話のできない人間だったのか、わたしは。そういえば若い頃おばさんに話しかけられたとき、「なんでこんなどうでもいいことを。それになんでこんな返事のしにくいことを言ってくるのかな」と感じた、そのままを、それ以上を、わたしは若い子にやっている。あのとき、あのおばさんは若いわたしに気を遣うあまりにいつものペースじゃなかったかもしれない。ごめんなさい、あのときのおばさん。

そもそもわたしは先輩が好きだ。後輩は苦手。先輩たちといるのが大好き。だから、先輩が少なくなってきた現場は悲しい。お願い、先輩生き続けて、わたしより先に死なないで、と願う。

世代交代の波がきて、わたしは職場で居場所がなくなっているように思ったりする。スーパースターになっておけばよかったか、そしたら50歳だろうが、60歳だろうが居場所がないなんて感じないよね。スーパースターが、みんなの居場所になるんだから。

今のわたしの居場所はどこだろう。一番居心地がいい場所は一体どこ。

いつも何かに属していたから、一定の安心感はあったのだと思う。今だって、会社に所属させてもらっている安心感はきっと大きい。

娘を中心としたコミュニティにも居場所はある。学校や習い事や、地域。あぁ、ここがわたしの居場所だわ！　とは思わないが、いていいですよ、と言ってもらえて末席に座らせていただけるのはありがたい。だけど、みんなわたしより地に足がついた生活をしているように思えて、わたしは少し、後退《あとずさ》る。

動物愛護活動の仲間たちのコミュニティも大切だ。今でも動物愛護より麻雀の方が好きなわたしだが、「動物に癒されるより癒せる人間に」をテーマに活動している仲間たちは、完全ではない自分を見つめ直し生き直しをしているようで、もがきながらも前を向く、信用できる大人たちだ。しかし、ここだってわたしの主なる居場所かというと、頷《うなず》き難いところがある。

学生時代の友人、仕事の先輩、同期のような友人もわたしの居場所だ。その人たちと過ごす時間は、大事な時間である。

共感したり、教わったり、教えたり、話し合ったり、聞いてもらったり。少なくとも、わたしには、会いたい人がいて幸せだ。

過日、10年ぶりに漫画家の倉田真由美さんとランチをした。彼女が描いた漫画、『だめんず・うぉ～か～』が2度目にドラマになったとき、出演させていただいてからの縁である。当時、「だめんず」という言葉が流行っていて、その言葉を作ったのが倉田真由美さんだそうだ。凄いことだ。

久しぶりにお会いした真由美さんとの会話はとても興味深いものだった。


「青木さんの書いた本、とても面白かったよ」

「嬉しい、ありがとうございます」

「立派なのがさ」

「はい」

「50歳手前で、青木さやかに、エッセイストという、もう一つの肩書きができたということ」

「ええ」

「それ、なかなかできることじゃないから」

「そうなんですかね、ありがたいです。まあ、出版社の方とのご縁や、いろいろと教えていただいて」

「よかったね、楽しそうだもん、昔より」

「そうですね、昔よりは、確実に楽しい、と思いますね」

「よかったね」

「ありがとうございます」


真由美さんとは普通に喋れる、わたし。


「青木さんとわたし、同世代じゃない？」

「そうですね」

「この世代の女性、厳しいよね」

「そう感じます？」

「感じる感じる。テレビのコメンテーターでたまに出させてもらってるけど、おばさんてほとんどいないよ」

「そう、ですか、そうかも」

「おじさんは、いるの。だけど女性は若い子。おばさんはいないんだよね」

「たしかに若い女の子多いですよね！」

「おばさんもさ、上沼恵美子さんとか、和田アキ子さんとかさ、もう突き抜けてらっしゃるおばさんはいるけど」

「はい」

「普通のおばさんは、いない。というか」

「というか?」

「使いづらいんだろうな」

「真由美さんが使いづらい、そうですかねえ」

「この前、言われた。それ、よくわかる。倉田さん扱いづらいんですよって」

「キャラ立ちしてないということですかね、たしかにキャラ立ちしていた方がテレビとしては使いやすいですよね」

「普通のおばさんは、いらないんだよ」

「わたしも、キレキャラやれないなら何ができるのか、と言われたことありますね。この人といえばこう、みたいなものがないから使いにくいと、言われましたね。ま、そりゃそうだな、と思いますけどね」

「だけどさ、普通に生活しててさ、その上でいろんな問題をどう感じてるか、なわけで、それって普通のおばさんだから感じることじゃないかと」

「それは、そうなんですよね。ただね、わたしは、まあしっかりと生活をしてるつもりなんですよ、その上でテレビでも嘘のないよう発言しているつもりで」

「青木さん、嘘言わないもんね」

「そう、合わせりゃいいのに合わせられない、みたいなとこありまして」

「いいと思うよ。青木さんはそれが」

「ずいぶん前ですが、ニュース番組でコロナワクチンのことが話題になって。まだワクチンが出始めのとき」

「うん」

「わたしは慎重になります、ワクチンと言ったんですね」

「うん」

「そしたら、一緒に出てた出演者の方が、怒り出して」

「なんで？」

「ワクチン打たないなんて、テレビで言うなって。打たないのは勝手だけど、それを言うならインフルエンサーやめろって」

「なんなの、それは。自由だよ、それはさ」

「わたしもそう思うんですよ。まわりが打ってればコロナにかかりにくいらしいから自分は打たないということで慎重になってるわけじゃない。言葉足らずだったとは思うんですけどね。まあ、考えの全ては言えないにしても。だけど、近所の人とフラットに話していることをテレビで言うことへの恐怖は感じました。こんなに怒られるのかーと」

「うん」

「だけどテレビはショータイムだから、ま、怒らせるくらいで丁度良かったのかもしれませんね」

「どうだろうね」

「ショータイムだと思うと、普通のおばさんは必要ないかもですねえ。おじさんとキャラの立っている可愛い女の子が絵面がいいと、もしわたしがテレビを作る側だとしても、そう思うかも」

「おばさんはさ、つっこみづらいよね、本当のこと言うし」

「はは、そうかもしれません」

「だけどさ、青木さん、頑張ってるよね」

「頑張ってますでしょう？　なんかですね、元気になってきたんですよ。もう一度頑張ってみようかと」

「すごい」

「いや、頑張っていたんですけどね、ずっと。だけどしばらくの間、とにかく有名にだけはなりたくなかった。大変ですもん。生活しづらくて。ひっそりと仕事したくて、それが希望でしたが」

「元気出てきた？」

「有名になってもいいくらい元気出てきましたね」

「青木さんの話聞いてたら、頑張ろうと思えたわ」

「いやいや、わたし、稼がねばですから」

「それは十分あるでしょ、貯金したでしょ」

「それが、そうでもなくて」

「なんで？　相当稼いだでしょ、青木さん」

「たぶん。たぶんそうですね」

「生涯年収稼いだと思うよ」

「そうなのかな、いや、そんなないんですよ貯金」

「なんで？」

「贅沢も、しましたし、まあ。ギャンブルも。貸したお金がかえってこないもありますね。寄付もかなりしましたしね。実家も直したりとか、がん保険一括で払ったり。ギャンブルかな、ギャンブル！　こりゃだめだ」

「使っちゃったのね」

「そうなんですよね」

「仕方ないよ」

「ですね」

「稼ごう！」

「お金の価値をわかってなかったんですよね。今だって、お金をもつのも、ないのも、こわいです」

「まだまだかかるよ、子どもに」

「それなんですよね、中学生だから、ああ、まだまだまだまだ」

「まだまだだよ、うちも同じ。上の子はようやく。下は青木さんちと同い年だから」

「お金の問題で行きたい学校に行かせてあげられないのは避けたいですので。頑張らねばです」

「頑張ろうよ、おばさんてさ、どの世界でもきっと仕事は厳しいのかもしれない」

「おばさんの居場所、職場でもたくさんできたらいいなあ。その枠をおばさん同士で取り合うとなると、力量のあるおばさんだらけだからなかなかまた。まあ、いや、頑張りますか！」

「頑張ろう！」

「50億！」

「すごい」

「どれくらいか見当つかないけど、50億」

「よし、稼ごうか、50億」

頑張るか。キャラ立ちしていない、おばさんのわたし。

わたしは〝バツイチ〟〝シングルマザー〟

うちには、いま中学2年生の娘がいる。いわゆる〝シングルマザー〟というやつだ。

結婚したときは、もちろん離婚なんて考えていなかったが、結果離婚したということは、お互いにハンコを押したということだ。

離婚したとき、

「離婚なんてして」

という声もあったし

「離婚できて羨ましい」

という声もあった。

さやかさんは仕事をもってるから離婚できていいね、ということでもあるのだと思う。それはそうかもしれないが、旦那さんのお金で生活ができてありがたいという謙虚さがわたしにはそもそもなかったのだと思う。だから、自分では金銭面で生活できない、というのは離婚へのストッパーになるからいいんじゃないかな？　と思う。

そう。わたしは離婚反対派である。

それは、よりを戻したいという思いからではない。
ただ、単純に、シングルマザーって大変だ！　という10年以上の思いから、今からシングルマザーになろうとしてる人、考え直せるならしてみたらいいのではないか派である、ということだ。

娘が2歳のときに離婚をした。

離婚したあとは、うちは2人暮らしになった。2人というのは気楽だが、小さな子どもがいると決して体調を崩すわけにはいかないというプレッシャーが大きい。わたしが寝込んだ日には、一体誰が幼い娘のごはんを作り寝かしつけてくれるわけ～となるので、倒れられない！　と緊張しながら生活をしていた。離婚もしているものだから簡単に元旦那さんにお願いできないし（自業自得）、実家の母ともうまく行っていなかったので来てほしいとか助けてなんて口がさけても言えない（超自業自得）。

娘が体調を崩すと、保育所や幼稚園から即連絡が入り

「迎えに来てください」

となる。

え、迎えに？　いまロケですけど。

だが、子どもの世界では、

「ロケだからなんですか？　来てください」

が当たり前なのである。

わたしは、仕事なの、と言えば、他の約束は遅れても許されると思って生きて

きたのだ。

わたしは当時、パニック症の薬を飲んでいた。家でもたまに意識を失うのではないかという不安にかられた。幼い娘がいることで、わたしが倒れたらこの子はどうなるの？ というプレッシャーでさらに倒れそうになるのだ。

三軒茶屋の細長い戸建てに2人で住んでいた。1階の狭い部屋にセミダブルのベッドをぎゅーぎゅーに置いて2人で寝ていた。夜は小さな窓を網戸にしていた。格子があり開けていても危険ではなかった。娘には

「もしママに何かあったら窓から大声で助けて、と叫びなさい」

と教えていた。

声が聞こえてくるほどの近い距離に隣家はあった。隣の家のご家族とは、仲が良かった。

子どもをもつまでは考えられなかった近所との交流。全く必要がなかったのだ。むしろ、誰にも会わずに駐車場から部屋まで行けるマンションを希望した。ご近所さんとの立ち話なんて無縁の世界にいた。

しかし、子どもをもち、シングルになってみると、ご近所さんが娘の存在や名前を知ってくれていることは防犯上大きな安心感に繋がった。

それにわたしのような面白いがバランスの良くない人間が、一人の考えで娘を育てるより、多くの方の考えを娘に入れてほしかった。パパやパパの家族、地域、学校、娘と関わってくれる人が少しでも娘を大切にしてくれるような関係作りがわたしの仕事の一つになった。

共生、共存。

生活していくには、必要不可欠なことだという考えにシフトした。

わたしは子をもつまで無縁だったご近所さんとの立ち話の世界に入っていった。

長いときは1時間以上話した。

もちろん子どもを外で遊ばせながら、という立ち話もあるが、子どもがそこにいなくても玄関先で立ち話、なんてこともあった。内容はバラエティに富んでいた。


「さやかさん、今度そこの小学校、お祭りありますよ」

「そうなんですね」

「誰でも入れるみたいで、未就学児が楽しめるものも」

「いいですね！」

「焼きそばなんかもあるみたいですから」

「行ってみますよ、ありがとうございます」


イベント情報。


「そういえば、あれ、どうなりました？」

「あ、買いましたよ、安かったしすごくいい」

「でしょ？」

「お米を食べすぎること以外は」

「はは、わかります」

「2合炊き？」

「3合にしました～」

「冷凍すれば、いいですしね」


ハリオのご飯釜の話。


「うちは娘と2人しかいないのに、ダイニングは6人がけだし、食器は6枚揃ってて。何人で暮らすつもりなの？　って自分が謎です」

「さやかさんちのテーブル素敵だけど、大きいと、つい物を置いてしまって」

「そうなんですよ、それを隅に寄せてごはんを食べるという」

「本や紙を置いてしまうとおしまいですよね」

「本当に、紙だらけ」

「受け取った資料や幼稚園からのプリントを一時的に入れる場所、作りましたよ」

「えらい！」

「物の住所を決めておこうかと思って」

整理整頓の話。


「あそこのお宅、いよいよ取り壊しが決まったみたいで」

「そうでしたか」

「1軒が建っていたところに3軒建つんですって」

「へー、そんなに。でもよかったですね、今にも倒れてきそうだったから」

「地震がきたら危なかったですよね」

「あのおうちからトトロが出てきたって、誰か言ってましたもん」

「トトロが住んでそう、確かに」


古いお宅が取り壊されるという噂話。


「都立大学の、お肉屋さん」

「行きました行きました」

「ベーコンの切れ端が」

「すごい量で、美味しくて」

「贅沢なベーコンエッグ作れますよね」

「いや、本当に。惜しみなくベーコンを使うなんて幸せ」

ベーコンの話。


「さやかさん、痩せました？」

「仕事で、そう、少しだけ」

「偉い。私はどうしても食べてしまう」

「わたしもです」

「チョコレートとか、ああ」

「いや、わかりますよ。今はちょっといいチョコレートを少しだけ、食べてます、そうすると満足しますよ」

「なるほどねえ」

「でもですね、もう痩せるというよりですね、姿勢と笑顔かな、と思うんですよ」

「姿勢ですか」

「姿勢が全てですよ。きっと。姿勢よく歩いていると、おのずとダイエットに繋がりますからね」

「さやかさん姿勢いいですもんね」

「この話をしながら、少しずつ姿勢を正しています」

「あははは」


40代からは姿勢だね、の話。


「さやかさんて面白いですよねえ」

「え、そうですか？」

「いや、もう、本当にさやかさんの話って、いつも聞いたことない話で」

「嬉しい、そうですか？」

「雀荘のお話とか、ゴミをお食べになっていたお話とか」

「ははは、面白いです？」

「私は平凡で。さやかさんの話は知らない世界を聞かせていただけて」

「ははは、お恥ずかしいです」

ゴミを食べていたことを褒められた話。

「さやかさん、偉いですよね。お仕事なさっているのに幼稚園入れてお迎えも行かれて」

「幼稚園て、あっという間に終わりますもんね、いや、もうギリギリですよ、なにもかも」

「お父さんも、迎えに来られてましたよね、この前ご挨拶しました」

「ありがとうございます、よろしくお願いします」

「ご離婚なさっても、うまくやられてるって」

「いや、うまく、できなかったから離婚したわけですから」

「それは、そういうことはあるんじゃないですか。でもその後の関係性を築くということが、なかなかできないと思いますよ」

「いま築くなら、離婚する前に築きなさいよ、という。本当になくしてから大変だ！　となるわたしってバカだから」

「さやかさんて、正直ですよね」

「それがなくなったら、わたしはもはや良いとこなし」

「そんなことはないですよ、面白い話をたくさんおもちで」
「ゴミを食べた話ですね」
「そうそう、あのお話大好きで」
「昔はわたしのまわりにはゴミを食べる人多かったんですよ」

ゴミを食べた話リバイバル。

わたしはシングルマザーの人とシングルマザーの生活についての話をしたことはないから、他の人がどうだかは知らないが、体力的にも時には金銭的にもつなわたりの日々だ。

離婚したときはまだ30代だったから、いつかは子どもがもう1人欲しいな、と思っていた。

テレビからは有名人のシングルマザーの再婚そして出産のニュースが聞こえてくる。ならばわたしも、と思ったものだ（この世界にいるのにわたしは本当にバカなのか！）。

そんなに甘くなかったわけだ。さやかちゃん、テレビから聞こえてくる有名人は再婚できてもね、あなたにはできないわけだよ。今のところ。

バーで後輩相手に愚痴っていると、

「1回離婚したくらいでわかったようなことを言わないでほしいな」

と、離れたカウンターから男性の声が聞こえてきた。わたしより年上だろうその男性はバツ4だという。

「ああ、なんだか、すみません」

「まだ離婚を語るには甘いな」

「ですね、ですね」

ヘラヘラと離婚の大先輩に合わせるわたし。

たまの娘のいない夜。酔って離婚も語らせてもらえないよ。きびしい世の中だ。

子どもを産んで子育てを語ると「1人しか育ててないのに、まだ小学生よ」と言われ、離婚して語れば「たかだか1回だろう」と言われ、わたしはわたしを語りたいときもあるんだ！　いつもじゃないんだから！　せめてバーで語りたいときもある！　あーじゃあ一体どこで聞いてもらえばいいわけ!?

王様の耳はロバの耳――‼

「あそこのおうち、離婚したからね。あのお子さん、だから、あんな感じね、かわいそうね」

わたしが子どもの頃、漏れ聞こえてきた噂話は、未だに世間で噂されている話なのだろうか。いま、わたしと娘はどう見えているのだろうか。わたしの娘はいかにも離婚した家の娘に見える何かがあるだろうか、なんらかのトラウマがあるように見えるのだろうか、そして、誰もわたしにそれを教えてはくれないのだろうか、陰でそう思い、何かしらの問題が起きたら、やっぱりほら、離婚したとこの子だからね、と言うんだろうか、子どもがおかしくなるのは親のせいだよね、と言うんだろうか。

こんな話をすると、いよいよヤバイと思われるのだろうか。

王様の耳はロバの耳――‼

48歳の恋。50歳目前の失恋

『母』という本を2021年5月に出版させていただいた。長年の母との確執を母が亡くなる直前に解くまでを書いた私小説である。10年ぶりの執筆。
「本を書く」という作業は自分で時間を作り、えいやーとやり始めるしかない。現場に行けばスタートするタレントの仕事とは大きく違う。書こうと思わなければ、何ヶ月も何年も進まないのだ。
『母』の執筆に、わたしには大いなるモチベーションがあった。

好きな彼の存在である。

わたしは仕事をしたい人だと思われることがあるのだが、本当は好きな男性をサポートしたい、というのが人生の夢である。なかなかその夢が叶わないものだから、仕事に励む、という側面もあるのだ。

彼とは友人の紹介で知り合った。たまたまある場所に居合わせた流れで連絡先を交換し、頼まれ事もあり、連絡をとり合うようになった。プライベートな話をするまでに時間はかからなかった。日課のように毎日電話で話し、車で迎えに行き、ドライブをして送り届け、自宅まで1時間半かけて帰った。帰り道にはまた電話で話した。かれこれ2年。

彼は大変に才能豊かな人だ。ＩＴ関連の仕事を家でしている。外で打ち合わせなどもあるが運転はできない。食事も作らない。

共に暮らしてはいないが、いずれ暮らしても良い。娘とも仲は良い。犬や猫も好きだ。同居の話などしたことはないが勝手に想像するのは自由だ。同居となれば、食事はわたしが作りたいし、彼の外出のときはわたしが運転をしたい。そうなると、家や車内で仕事ができると最高である。

そうか。

小説家というのは、どこかに行かなくてもよいのだ。

しかもわたしは原稿をＬＩＮＥで書いているので、携帯さえあればどこでも書くことができる。家に居ながらにして仕事ができ、彼や娘のサポートができるではないか。

まさに。わたしの夢。

「もし、本が売れたら、次の本も書ける可能性出てきますよね！」

出版社の担当さんに思わず聞いてみた。

「それはありますよ」

あるのだ。ある。

この2年近く、わたしは彼と仲良くしてきた。毎日のように話してきたし、一から十まで知っている。問題が起これば、現実的に解決する策を提案してくれる。感情が先に立つわたしには、全く思いつかないロジカルな策に、いつも感謝と感動がある。わたしの役に立とうとしてくれる。

彼にないのは感情だけ。

だけど、感情で動く人だとぶつかってしまうので、これくらい無感情なくらいの方が、きっとわたしには合っているのだ。そりゃいつだって心は物足りないが、ここまで毎日を共に過ごす時間が多いのだもの、好きに違いない、のだ。白か黒かをはっきりさせたいわたしには、この曖昧《あいまい》な雰囲気と関係は初めてなのだが、オトナって、なにも言わずに進めていくものでしょう。だから、間違いなく進んでいて、きっと、これはつき合ってる、と言っても過言ではない。


ある日、あるきっかけがあり、わたしって恋愛対象であるよね？　と彼に聞いた。もちろんいい雰囲気ではなかった。長引いた喧嘩の後の久しぶりの再会だった。

彼は言った。

パートナーとしては考えられない、女性としてもみられない。期待させるなら、全くなしです。

わたしは驚いた。
ウソでしょ、え、わたしのこと、好きでしょう？
と、聞いた。

オトナって、聞かずに進むものでしょう、いや、2年の間に数回聞いたかな、だけど、あまりいい返事ではなかった、たしかにね、だけどさ、わたしの気持ちを知っててまた連絡してくるって、わたしの気持ちを知ってて一緒に映画に行くって、それってなんだかんだ「あり」ってことじゃないんですか。

わたしは、焦って、熱が出て、わけわからなくなって、やだやだ女性としてみてよ、だってあんなに楽しかったじゃないって、スカートはくからさと何度も言って、
ヘラヘラとパニックになってるわたしでもわかるくらい
彼はひいていた。

わたしは道化のように
またどこかに遊びにいこうよ
と彼に駄々をこね、
別れた瞬間に
一人になった自車の中で号泣した。

夢みてるみたいで
おそろしいほどプライドが傷ついて
嗚咽《おえつ》して
友人に電話して
話を聞いてもらった。
何を話したかも覚えていない。

どうやら現実らしいこの出来事を受け入れられるのか。崖があったらこのまま消えていたかもしれない。だけど今からゲッターズ飯田くんとのインスタライブがあるのだ。わたしは邪魔にならないところに車をとめて、車内の電気をつけて、インスタライブをスタートさせた。飯田くんは、わたしに話しかけてきたが、わたしはかろうじて聴こえてくる声に俯《うつむ》き加減でよそゆきの顔をしながら頑張って話した。驚くことに途中、インスタライブに彼が入ってきた。『母』の本、サイコー」とメッセージが入ってきた。何度も。わたしは目を疑った。そしてインスタライブが終了し、もう一回話そうと、ふるえる手で彼に電話すると直《ちょく》留守《るす》だった。もう一度電話すると、直留守だった。5分ハアハア息をしてもう一度電話したけど、やっぱり直留守だった。

わたしは泣きながら車のエンジンをかけた。どうやって、家まで辿り着いたか覚えていない。

失恋2日目

ほとんど眠れなかった。

なにも食べられない。

胸が苦しくて、靴を揃えることも忘れて電気をつける気もしない。猫が可愛いという感情も忘れてしまったようだ。犬の散歩をし、猫のトイレを片付け、ごはんをあげるという必要最低限のことをして電話した。


「飯田くん、昨夜はありがとうございました」

「いえいえ、こちらこそありがとうございました」

「飯田くん、わたしね」

「どうしました」

「フラれたのだよ、え？　フラれたのかな」


昨夜の覚えていること。そしてこれまでの経緯《けいい》を話した。


「やめときましょう、青木さん、その人」

「嫌だ。わたしがいないと大変、きっと」

「平気ですよ、誰かがいなくなったって、その人」

「わたしは、違うから」

「一番大事なのは自分ですから。青木さんがいなくても平気です」

「お会いしたことないからわかりませんけど、別に感謝はしてないんじゃないですか」
「大事じゃないのかな」
「好きじゃないですね」
「好きじゃないのかな」

「ら ね」

「こういう人がいいっていつも言ってるのに、青木さん、人の話聞かないですか
「わたしなんて、わたしのこと好きなんて、いないんですよ、いない」
「青木さんは歳上の社長がいいですよ、面白がってくれる人が」
「いません、一生」
「はは、いますいます」
「いません」
「もっといい人、探しましょう」
「好きだから、やってきたわけ」
「そうですね、それを彼が感謝してるかどうかはまた別の話ですけどね」
「わたしは、今まで、彼のために、精一杯やってきた、いろいろと」

「……」

「つき合いますから、いい人できるまで。次行きましょう」

「行かない」

「はは、行きましょう」

「ありがとう」

「大丈夫です」

「長い間友達でいてくれて」

「大丈夫ですよ、青木さんはいい人ですから」

「いい人だけど厄介なのよ」

「それを面白がれる人はたくさんいますから」

「いないいない、彼以外にいない」

「その人全く面白がってないですよ」

「そうかな」

「はい」

「いや、彼は、わたしがいないとダメだから」

「平気ですよ、その人」

失恋3日目

数年ぶりに睡眠導入剤を飲んだ。眠れないが寝ないと身体がもたない。おかげで睡眠には入れたが2時間ほどで目が覚めた。部屋はぐちゃぐちゃになっている。片付ける気にならないのだ。今夜娘が旅行から帰ってくる。

朝起きると、友人のフチコさんに電話をした。一人では居ても立ってもいられないのだ。


「フチコさんおはようございます」

「おはようございます。どう?」

「どうもこうもないです」

「それは、そうだよね」

「自信喪失。わたしは。女性としてみてない、と言われたわけですから」

「それはさ、やっぱり、さやかちゃんがお母さんでいるところをみてきたわけだから、まあ、そういうタイプの人だということじゃないかな」

「母。母だから、女性にみられないわけですか?」

「まあ、そういう人もいるんじゃない？」

「彼がこう言うわけですよ。前の彼氏は青木さんを女性としてみてたんですかって」

「そりゃみてたよね」

「そりゃそうでしょって話で。なにしろ傷つきすぎて、もはやわたしは」

「まずは、母親として子どもを大切にしてほしい、ということもあるんじゃないの？」

「してます。してるんですよ、精一杯。だけどわたしだって、頼りたい、というか、ダメなんでしょうか。そう思っては。母とは」

「ダメじゃないよ、当たり前だよ、それは」

「そういう相手ではなかったということですかね」

「今はね、今すぐは違う、ということじゃないかな」

「今すぐ、なんてわたし言っていませんよ」

「彼にはそう聞こえたのかもしれないし」

「まあ、そう、ですね。つめてたのかもしれませんね」

「つめると、いいことないよね。答えを出させるのも、さやかちゃんがしたことだから」

「曖昧な関係や態度は、2年の間、仕方ないかなと思いつつ不機嫌になったりしましたね」

「ということはさ、もう少しはっきりしてほしかったわけだよ、さやかちゃんは」

「まあ、そうですね」

「答えを求めたら、答えを言うしかないよね」

「求めなかったら、どうなっていたのですかね、曖昧な、いや、曖昧っていうか、最初から好きでもなければ女性としてもみてないっていうんだから、だったらもっと早くわかるような態度にしてくださいよ」

「そうね、もう少し早くわかってたら違ったよね」

「だから、聞いてよかったんですよ。今回、聞いてよかった。はい」

「そうだね、はっきりしたじゃない。次行ける」

「フチコさん」

「はい」

「彼とあのとき話さなければ、今もふわふわと期待しながら仲良くできていたのでしょうか。なら聞かなきゃよかった」

「聞いて良かったんじゃないの？」

「撤回させてください」

「早いね、わかりました」

「フチコさん」

「はい」

「彼はですね、わたしを好きじゃないと言うわけですよ」

「ひどいね」

「信じられます？」

「まあ、そう言ってるんだから、仕方ない」

「信じられない。電話して聞いてみようかな」

「やめたら？」

「なんでですか」

「答え、わかってるでしょ、想像つくじゃない」

「つかないんですよ」

「え、想像つかない？　すごいね」

「だって、あんなに仲良かったんですよ」

「まあ、そういうときがあったのかもしれない。だけど今は違うからさ。それが現実」

「嘘みたい。夢みてるようで、2年くらい。50歳近くなって、なんでこんな目に」

「わかるよ、私も若い頃大失恋して。親にも友達にもつき合ってもらって大変だった。だけど、忘れるよ」

「忘れる気がしません」

「時間が解決してくれるよ」

「どれくらいかかりました？」

「7年くらいかな」

「ながい！　こわすぎる」

「かかるよ、かかるのよ」

「お願い、夢だと言って、誰か！」

失恋5日目

眠れた。5時間くらい。うなされながら起きた。寝ても覚めても。必要最低限の生活のことしかできていない。調理はするが掃除はできない。大体彼の存在がわたしの精神安定剤であったのだ。仕事もプライベートも逐一報告していたし解決策を教えてくれた。辛いときには電話で聞いてくれた。今や悩みは、彼自身のことになってしまったから、わたしはどのように接すればよいかわからなくなっている。接すればいいかって、接しなきゃいいのだが、そうは行かない関係性の中にいる。ああ、だから職場やコミュニティの中での恋愛なんてしない方がいい。


「ママ」

「はい、わたしが許されるならあなたのママです」

「犬の散歩行ってきて」

「ママは、動けないのです。このベッドから」

「いいから行ってきて。犬がかわいそう」

「犬もかわいそうですが、ここしばらくはママもかわいそうなので」

「早く行って」

わたしは老犬と家を出た。

秋から冬に変わりつつある。

きっと肌寒い季節なのだろうがわたしの体と心は寒さも感知しないほど鈍っている。くたびれたベージュのスウェット、寝癖の髪に化粧の崩れた顔、裸足にサンダル。世田谷をそんな状態で歩かないでください警報が出されそうだ。こうなるとくたびれた顔の隠せるマスク必須のニューノーマル時代も悪くない。コロナ前はマスクしてるから有名人ではないか？　と振り返られていたもんだが、今やマスクなしだと振り返られる。

8時を過ぎると裏道はさほど人通りは多くない。わたしはより人通りの少ない細道に入った。いつものように煙草の吸い殻を拾いながら足を引きずるようにだらしなく歩く。

わたしは思い出した。

毎日の散歩の30分は、そう言えばよく彼と電話をしながら歩いた。楽しかった。何時間話したって、話せた。好きだからというより、単純に気が合った。わたしたちは親友のようだったし兄妹のようだった。弟だと思うこともあったし彼氏だと思うこともあった。いっぺんに何もかもなくしたようだ。悲しいのはこちらだけがそう思っていたのかもしれないということだ。よく2年もその思い込みの中来られたものだ。あれは思い込みなのか、そこが信じられなくて、夢ではないかと思ってしまうのだ。

わたしは老犬をみた。

老犬もわたしをみた。

彼はうちにくると、老犬を撫でた。

わたしは老犬ばっかりに優しいね、と笑いながら彼に言った。

彼も笑った。

楽しかった電話も、そのうちケンカが増えた。ウキウキしなくなった。頑張って元気を出して話すようになった。電話を切るとため息をついた。気が合っていた会話が、嚙み合わなくなった。面白かったはずの彼の話が笑えなくなった。彼を思ってした提案が気分を損ねた。彼が発した言葉に傷ついた。あとで考えたらわたしを思って言ったことだったと気づいた。わたしたちはズレていった。タイミングが合わなくなって、会話にムリが生じてきた。少しずつ距離をとって、だけどやっぱり必要だとまた近くなった。その繰り返しが増えていった。もしかしたら時間を共にしない方がお互いラクなのかもしれない、とは思ったことはあった。だから冷静になれば予想していない今ではなかった。

で、今、どうなのか。

いなくなって、どうなのか。

彼は平気らしい。

そりゃないよね。

わたしは、全然平気じゃないよ。

いつもと違うルートを歩いてきた。細い坂を登ってくると小さな神社があった。いつもここには誰もいない。一礼して鳥居をくぐると境内までの道は綺麗に掃除されていた。夜だが灯りはついていて静かだ。石の道を老犬とゆっくり歩いた。空気が少し変わる気がする。

境内の前についてわたしは言った。

「あの、どういうことでしょうか、この状況」

神さまもそんなことを言われても困るだろうが、続けて聞いた。

「娘も犬も猫も、大切です。大切なものを守り続けるには元気がいります。その元気の素のご褒美を彼との時間からもらっていたのです。どう思います？」

続けた。

「依存ですか、執着ですか、恋ですか、愛ですか、どれだとしてもいい。わたしは、とてもさみしいことだけは確かです。また来ます」

失恋7日目

「あなたたち、つき合ってたのかと思ってた」
「わたしもそう思ってましたよ、自分で」
「びっくり」
「わたしも」
「むしろ彼の方があなたを好きかと」

尊敬する先輩。彼との共通の友人である。

「連絡あったよ、彼から。迷惑かけてすみませんって」

「そうですか」

「今はね、あの子はああいう子だから、ムリよ」

「彼が、ほらよくわかんないけど来年籍を入れたいから誰か探してるって話をしていたのを耳にしたので、えーそれはどゆこと？　と聞いたことから、こんな流れに」

「そうだよね」

「とにかく青木さんではないので、ということで」

「変わってんのよ、本気で言ってんじゃないのよ、籍なんて。イベントなんじゃない」

「変わり者すぎる。というか、わたしの気持ち知ってて探すって、そんなことって」

「さやかちゃんと籍入れたいのかと思ってたよ」

「ははは、わたしも。バカみたいです」

「とにかく、そっとしておこう。それしかない」

「そうですね」

「大丈夫？」

「皆さまのおかげで。わたしの今日はなんとか終わっていきます」

失恋8日目

痩せてきた。

整形でもしようか。

とても綺麗になればきっと。

関係ないか。

好きでもない男がむちゃくちゃかっこよくなっていたって全く気持ちは変わらないから。いや、だけど男性は違うのかな。わたしが急にヘルス嬢のNo.1みたいになっていたら、きっと。ヘルス嬢のNo.1てどんな感じよ。そうだ。まずは髪を伸ばそう。髪を伸ばせば男性ウケはいいんでしょう。雑誌にそう書いてあったから。ボトックスでも打つかな。10年くらい前かな、眉間にボトックスを打った。

眉間のシワが全く出なくなって、怒り顔こそわたしの真骨頂だったのにと、それ以来打たなかった。今は怒り顔で稼ぐこともできないわけだからまた打ってもいいかもしれない。綺麗になればきっと。
スカートだって、整形だって、胸の綺麗にみえる下着だって、オトコがいなかったらわたしには必要ないのだ。

化粧も落としていないベッドの中で、じっと考えていた。

綺麗になればきっと。

失恋10日目

生きてる!
元気にならないが、フチコさんの言うように7年かかるのだろうか。たまったもんじゃないよ。

ここにきて腹が立ってきた。

なんなの、あの言われよう。

感謝もなければ、向き合ってもくれない、恋愛だけじゃないでしょう、人として、多くの時間を過ごしてきたじゃない、それであの言われよう。そりゃうまく行きませんわよ、あなたの恋愛なんて、過去もね。おかしいもん。人の心がないもの。環境、状況、リスク、そんなことが一番にきてるような考え。気持ちはどこに？　おかしいおかしい、おかしな人を好きになったもんだよ。感情がないんだもん。そういうところがおかしい人なのよ。

感情感情。そんなわたしも、おかしいんですよね。

きっとそうだよ。

失恋11日目

「さやかさん久しぶりですね」

帝国ホテルのカフェでモーニングを食べながら、銀座のママ、亜紀さんと話した。

「髪も！」

「いま、やってしまわないと間に合わなくて」

「朝の9時からお着物ですか」

「朝からね、やってくださる美容師さんがいて、とても助かってるんですよ」

「素敵です」

「ありがとうございます」

わたしはいつものパーカだ。帝国ホテルさんもよく入れてくれたものだ。

「さやかさん、ご活躍で」

「いえいえ」

「本、素晴らしくて。文章力」

「ありがとうございます、読んでくださって」

「本当に。もっとお書きになったらいいですよ」

「はい。亜紀さん」

「なんでしょう」

「男性にこちらを向かせる、というのは、どうするんですかね」

「私たちは好きになってもらう仕事ですからね、疑似恋愛ですから。少し違ってくるかもしれないけれど」

「はい」

「時間をかけて、その方の気持ちがこちらに向くのを待つ、誘わないですね」

「誘わない？　というのは、お店に来て、とは言わない？」

「言わないですね。アプローチはしますよ、店に来てとは言わないですね」

「言わないんですか、言わないのに来てくれるわけですか」

「いかがお過ごしですか？　私はこうして過ごしていましたよ、と」

「それがなんのアプローチになるんですか？」

「連絡があると、あ、この子僕のことが好きなのかな、と思うじゃないですか、徐々に人間関係を構築していって」

「それで仲良くなっていくんですか？」

「そうですね、お店に来てもらって、カラオケに行くようになって、自分のお客さんにしていく」

「ゆっくりですね」

「男の人は追われると逃げる生き物ですからね」

「亜紀さんからみて、みんながそうですか？」

「そうですね」

「みんな、ですか？」

「そうです」

「なるほどです」

「さやかさん、急ぐと、警戒しますよ、男性は」

「警戒？」

「今は私この歳だから男性も警戒しませんけどね、若い頃は、この子お金目当てかな、とか宗教の勧誘かな、とか思われたり」

「ははは」

「ついね、好きになると、ワッと行ってしまいがちだから」

「はい、それが好きになるということかなって」

「本当に。でも余裕がなくて焦ってしまうと、追いつめますよね、相手も自分も」

「はい」

「好きになっちゃうと、そうなると相手の言いなりになっちゃうから」

「はい」

「冷静でいれば、相手がこちらを恋愛対象としてどれくらい思っているかはわかりますよ」

「わかるものですか」

「わかりますよ、冷静でさえあれば。夢中になってしまうとみえなくなってしまうけれど」

「はあ」

「押しすぎてしまうとね。基本的に、押したり引いたりの作業ですからね」

「引く、ですか。何日くらいですかね」

「焦らない」

「なるほど」

「さやかさん。うちの女の子に言うんですけどね、好きになってくれる人いっぱいいるからって。そういう人みなさいって」

「はい」

「だけど夢中になってるとみえなくなりますから」

「冷静になるって、難しいですね」

「私の場合は20代でお店を任されましたからね、好きな人もいたし失恋もたくさんしました、だけど冷静にならざるをえなかった。訓練ですよね」

「訓練で、いつも冷静になれるものですか？」

「なれますよ」

「冷静。冷静と情熱の間にいたいですね、何事も。常に」

「なれますよ」

失恋12日目

「どした？　元気ないね」

久しぶりに近所の女友達のお宅。ルイボスティーと、イカの刺身を醤油とハバネロでいただく午前中。

「ありゃ、すみませんね。元気の無さダダ漏れでして」

「どした？」

「ちょっと仲良くしてた人と、仲良くしなくなったというわけ」

「ほう」

「そう」

「よかったよかった」

「そう？」

「大変そうだったじゃない」

「まあ、ねえ。そうかね」

「うん」

「人生長いんだからさ、他に行こう」


ルイボスティーとイカはとても合う。


「友達が、ほら、前に一度会ったことあるよね、彼女が離婚を考えてるって。さやかに聞こうかなって言ってたよ」

「ああ、そう。わたしに聞かれたら、離婚はすすめないなあ」

「そう？」

「そうよ」

「早くしないと、新しい人も見つからないかなあと」

「離婚して、次の人って意味？」

「そう」

「わたしもそう思ったけどさ、10年経っても見つかんないよ、ま、わたしの場合だけど」

「ほう」

「だからそういうケースもあるってわけ」

「ほうほう」

「それにさ、子どももいるわけですから、結局のところ、離婚しても、パパとはうまくやっていかなくてはならないと思うのよ、違うな。うまくやっていった方がいいと、子どもの為にも、わたしは断然思うのね」

「うん」

「そうなると、離婚してから気を遣うなら、いま旦那さんの良いところをみて好きになった方がいいんでないかしら、頑張って、というのがわたしの意見ね。以上」

「以上、かあ」

「わたしはね、そう答えるようにしてるかなあ」

「離婚して良かったってわけじゃないの？」

「当時はね、それしかなかったような気がするのだが、大人が一人しかいなくて子どもと生活するってなかなか大変だから。せめて20歳になるまでわたしは死ねないぞ！　というプレッシャーが凄い、はは」

「そうねえ」

「うまくいかない結婚生活とは全く違う問題だから、比べられないんだけど」

「そうか」

「いや、ごめん。やっぱりわたしの意見なんて聞かないで。わたしは、2年仲良かった人にオンナとしてみられないと言われたくらいの者ですから、もう、そのような者ですから、参考になさらないでください、ごめんなさいごめんなさい」

「こわいこわい」

「こわくて、ごめんなさいごめんなさい」

「はは。まあ、そういう意見もあるわけだ。しかし、結婚してるとさ、離婚は、ある種、夢なわけよ」

「隣の芝生は青すぎるのだよ、きっとね」

失恋後遺症、らしい

はたと気づいた。

わたし、あまり、フラれたと思ってないのだ。

「それ、ストーカーだよ」

京都のスタバで早朝、久しぶりの友人に会った。彼女はママ友として知り合ったのだが、ママとしてというより同志のようなつき合いだ。彼女が京都に引っ越して、距離が離れてから、より女同士のつき合いが深くなった。

「ストーカー？」

「さやか、よく考えてごらん。ほら、文章を書くように客観的にみてごらん。さやかのその考え、ストーカーだから」

「仕事できなくなっちゃうわ、ストーカーだと。アブナイ」

「私はさ、旦那と知り合う前は、閉じてる人が好きでさ、扉閉じてる人をこじ開けて、私が必要とされてる、と思ってたわけ」

「へー」

「だけどさ、そういう人、こじ開けられるのキライだから。こじ開けない距離感でつき合える人じゃなきゃイヤなわけよ」

「ああ、それ、わかる。開こうとする度に、相手は閉じるの。だけどさ、こじ開けて初めてみえる景色ってあるじゃない」

「さやかも突然、開いたもんね。閉じてたのに」

「そう？」

「そうだよ、どれだけ壁のある人だろうと思ってたけど、あるときパカーンと開いた」

「そうかな、誰にも言われないよ」

「みんな、言わないでしょ、開きましたね！　って。でもそう思ったんじゃないかな、開いたというのはともかく、つき合いやすくなったよね」

「そうかね」

「だけどさ、この年になって、さやかみたいに開くって珍しいよ」

「そうね、ちえの言うように壁作ってたと思う。作らないとやってられなかったような」

「なんで開いたの？　開けたの？」

「なんだろう。病気かなぁ、見直しをしたのかな、多くは人間関係だったから、悩みの。それで１８０度変えてみようと思ったのかも。それがちえの言う、開いた、というふうにみえたのかも」

「そうか」

「だけど、こうなると開いた方がラクだよね。わたし極端だから、際限なく開く。さらけ出す。開く。彼もそうなったらいいと思うのよ」

「ならないならない、こわいもん。みなくていい景色はみたくないよ」

「開いてほしいの、それで開けていくんだから、人生が。それができるのは、きっと、今のところ、わたしだけ」

「それがストーカーの発想ね」

「アブナイ。せめて行動さえしなければ、捕まらないね」

「頼むよ、さやか」


京都タワーにあるスターバックスは、朝から人が多かった。どこのスタバもそうだけど温度が丁度良くて、気持ちいい光が入って、〝本日のコーヒー〟は酸味があって美味しかった。わたしたちは窓際の背の高いスツールに座って話した。10分おきに、あ〜時間が足りないね、と言いながら早口で話した。


「さやかが悩んで一人反省会してるようには、その人全く反省してないし悩んでないよ」

「そうかね」

「そういうタイプは、臭いものに蓋をして鍋そのままにしてどっか行っちゃうから」

「はは、それ、わかる！」

「悪い人になりたくないから自然消滅を狙うタイプよ、ズルいといえばズルいよね」

「だけどさ、男女としてだけじゃなく、人としても関わってきたわけじゃない、ここにきていろいろなかったことにするのは、ないなあ。向き合ってほしいのよ、わたしは」

「ムリムリ」

「そこをなんとか!」

「私はムリだと思うなあ。さやかが何言ってるのかわかんないでしょう、その人。だって人とは合わないと思ったら距離とればいい、それで平気って思ってる人なんだからさ。というか、さやかには開いた人がいいよ。そしたらもっと開けるよ。ストレスないし不安もないよ」

「そこを、彼で、なんとか!」

「私はムリだと思う。けど、急には諦められないだろうから、とりあえずその人のこと思いながら、忘れていけばいいよ」


わたしたちは京都駅まで、早足で歩きながら早口で話し続けた。また来るね、と言ってわたしは改札に入って何度も振り向いて、絶対また来ようと決めた。

東京行きの、〝のぞみ〟は混雑していた。

わたしは切符をみて席を確認して窓側に座って、少しだけ座席をたおした。この季節に丁度いいデュベティカのモスグリーンのライトダウンジャケットを脱いで膝にかけた。窓からきらきらとした光が入ってきた。

わたしは携帯電話を取り出して、ＬＩＮＥをみた。彼からＬＩＮＥは来ていなかった。

ＬＩＮＥは誰からも来ていなかった。ため息をつきそうになって、いけないいけないと息を吸い込んだ。

珍しく夜ではない時間にＩｎｓｔａｇｒａｍを開いた。

誰からもいいね👍は、来ていなかった。ますます自信喪失をするには丁度よかった。

彼からのＬＩＮＥがなくなってから、本当に寂しくなった。

わたしは、本当に、寂しくて仕方がないのだ。なにかで埋めることは、今のところ、できない。

1ヶ月近く友人たちとしてきた会話。彼のことだけは、耳より内側に入っていかなかったのだ。アタマにもココロにも入らない。耳は聞こえるのだけど、ビヨーンと、跳ね返す。

でもね、こうなの。

でもね、こうなの。

わたしは「でもね、こうなの」星人であった。

今朝起きると、少しだけ冷静になっている自分がいた。

わたしはこの2年、週に一度ペースで彼に会っていた。いろんなところへ行った。彼を思って、連れていくことも多かった。本当に密に会っていたと思う。だけど2年の間で、彼の方から頼まれたことなんて数回しかないのだ。あとは、全て、わたしが、やっていたのだ、彼のために。きっと彼からはお願いできないだろうから、その気持ちを汲んでわたしから彼のために動いていたのだ。そこにはお金も時間も体力もかかっていて大変だった。もちろん突き動かしている原動力は、好きだから、ということしかなかったし、こんなに大変なことをしているのだから、感謝と愛情が彼にはあるだろう、と思い込んでいたのだ。

しかし、考えてごらん。

さほど、彼が、喜んでいなかったとしたら。

わたしの為に、彼はわたしに乗っかって動いていたとしたら。そりゃ
別に頼んでいませんよ。

という言葉も出てくるであろう。

人は、誰しもわたしと同じ感覚なんてもっていないのに、きちんと話さぬまま、普通はこうでしょ、だからこうに違いない、というやつをまたやってしまったというわけだ。

「フチコさん」

前出の友人フチコさんには、ほとんど毎日話を聞いてもらっている。隣で聞い

ているフチコさんの娘さんもわたしの毎日に詳しくなってきた。「40代でそんなに恋愛で悩めるなんて信じられない」という言葉をわたしにかけてきた20代の娘さんに、「明日は我が身だよ、きっとあなたも楽しいに違いないよ40代」と、わたしは教えてあげた。


「フチコさん、こんにちは」

「はい、さやかちゃん。こんにちは。どうですか？」

「どうもこうもないんですけどね、数週間」

「そうですか」

「よくも、まあ、毎日毎日変わり映えしない電話におつき合いいただいて」

「変わってきてるでしょ、少し」

「ほんの少しね、冷静になってきました」

「お。次のステージ」

「明日には、またイカレてるステージに戻るかもしれませんが」

「ステージが上がったのなら、この波に乗ってもう1個上げとこう」

「フチコさん、彼と過ごした2年間」

「はい」

「わたしは彼を思って、いろいろと声をかけたりしてきたのですが」

「はい、そうですよね」

「それは彼の性格上、自分からはお願いできないだろうと思って、お声がけしてきたわけなのですが」

「良くやってきましたよ、本当に」

「そうなんですよ、とても力になってきたのです。だから、感謝と愛情があって然《しか》り、だと思ってきたのです」

「はい」

「ですけどね、冷静に思い返してみると、彼からお願いされたことは、ほんの数回。毎週のように会っていて、ほんの、数回だけ」

「はい」

「ということは、彼から、青木さんがやってたことですよね？　と言われても、まあ、そうかな、と」

「なるほど。彼の理屈でいうと、そうなるかもしれないね」

「わたしは、わたしの気持ちをわかった上で、わたしを動かすということは、気持ちに応えようとしてくれているのかと思っていましたが」

「そうね」

「感覚が違えば、あなたが好きでやっていたことですよねだからあなたがしたいことにつき合ってきたのです、ということになりますよね」

「まあ、そう。そういう感覚の人だったのかもしれない」

「そうなると、ひどいもなにもなくて、わたしの、こんなにやったのに？　なんて言葉は彼には全く通じない、むしろこんなにやったのに、と言われてもコワイ、となりますね」

「まあ、そうね。彼はそういったつき合いは、過去の人間関係でしてこなかったのかもしれない」

「ということを思いました。だから、彼がわたしを好きだなんて幻だったのかと思ってもいいかもしれません」

「さやかちゃんは、すごく支えてきたと思うよ」

「まわりはそう言ってくれる。そう言わないのは、彼だけ」

「そうね、まあ、それは彼の問題だものね」

「それを、わたしが彼に押しつけるのは違いますよね」

「いいじゃない、その気づき」

「はい」

「頑張りましょう」


冷静になってみても、わたしはやっぱり彼と気が合っていたんだなぁということに気がついた。話していて一緒にいて楽しかったのだ。あんなに多くの時間を共に過ごして楽しい人、わたしにはそうそういないよ。

彼を失ったことは大きい。


「わたしは、やり過ぎたのかなぁ」

「うーむ。それでいいと思うのだけどねえ」

「最初、彼から感謝を感じたことがあって、それはそれは嬉しそうで、だからいろんなことをこちらから。でもいつからか当たり前になってきたように思う」

「親みたいなもんかもね、子どもは、そっちが勝手にやったんでしょって言うじゃない」

「でも、親は、こんなにやってあげたのよって言いっこなしですもんね。親じゃないけど、わたし」

「そうだね」

「まとまりませんけれど、少し冷静に考えた、ということでした」

「いいことですね」

「明日には元通りか、わかりませんけど」

「少しは違うでしょう」

「ありがとうございました」


電話を切って思った。

もうストーカーになることはできない。冷静さを失わないとストーカーにはなれない。


わたしは東北のある市民会館の楽屋にいた。だだっ広い楽屋はとても寒くて、暖房をつけると物凄く暑かった。

いつもどこにいて何をやってるか彼に電話して報告していた。

今は電話してもどう話したらいいかわからない。仮にかかってきてもどんなテンションで話せばいいのかわからない。

だけど、やっぱり、寂しかった。

鏡の前で、わたしはわたしの顔をみた。

笑ってみたら、なかなかうまく笑えた。

少しばかり冷静になったおかげで、わたしはいろんなことを思い出した。


わたしには好きなことがあった。

読書や何度も同じ映画をみることや家で夕日を眺めることや温泉の情報を調べることや友達とのだらだらとしたカフェの時間や地方のスーパー巡りや美味しい調味料を探すことや、他にもいろいろ。


久しぶりに思い出した。

好きなこと。

わたしには好きなことがあったことを、思い出した。

50歳にして、わたしの「反省道」

世間では、マスクを外す人が増えてきた。2023年の夏。世の中の情勢については中学2年生の娘より疎く、友人たちとの会話が政治経済に及ぶと、ほとんどついていけない。大切な人たちに本気で呆れ返られたくはないものだから、「なるほどね、そっちね、ふむふむ。わたしも。わかる。元々わかってた」という顔をしてお茶を啜《すす》ってみたりする。

そんな50歳だ。大丈夫か。

それでも知っていることもある。

水害、物価高、戦争、空きビルたくさん、子ども減ってる、マイナンバー、北からのミサイル（結構知ってる）。

世の中には暗雲が立ち込めているようだ。

あゝわたしは一体何ができるのだ。居ても立ってもいられない。地球防衛軍に入りたい気分ですよ。どこかにあるのかな、地球防衛軍。しかし今日の仕事はロケ。台本を読むと、「初めて聞いた！　こんな時短レシピあったのか！」といった内容。平和です。地球が危うい今、こんなことしていていいのだろうか、と若干戸惑いつつ、いや、目の前のことを精一杯やらせていただくことがベストだ。それしかない。

「青木さん青木さん」

時短レシピのディレクターは、若い男性だった。出演の料理研究家の動きをみて、なにかを閃《ひらめ》いたようだ。

「みました？　いま先生がまな板使わずに手のひらにのせて、豆腐切ってましたよね。それって、まな板洗わなくて済むから、すごい時短テクですよ！」

「……」

「それ、一発行っときますか」

「あの」

「はい？」

「それ、お豆腐切ったことある人は大体知ってると、思います」

「え？」

「お豆腐まな板にのせると、その方がバランス崩れて難しいから、わたしも手にのせたまま切っちゃいますけどね」

「え〜そうですかあ？」

「うーん、いや、そう言われると、どうだろう。多分、そうじゃないかな、と思うんですけどね、ごめんなさいね、違ったら」

「僕は豆腐を手のひらで切るなんて知りませんでしたよ」

「お料理はされます？」

「しませんね」

「お豆腐、切ったことあります？」

「ないですね」

ないんかい！

平和である。今日の日にありがとう。一旦眠りたいです。

さて、世の中の小さなピースの一つであるわたしは、この先、娘や孫の時代までの人たちが楽しく過ごす為に何ができるか、ということを常々考えて行動していることがある。友人にも聞かれない限り自分からは話すことはない。コツコツとやっている。

それが、わたしの「反省道」である。

まず、基本の8つのこと。

○嘘つかない
○悪口言わない
○顔つき（柔和に）
○態度（優しく）
○言葉づかい（丁寧）
○約束を守る
○感情を出さない（怒りなど）
○不貞腐れない

これをやろうと心がけると決めてから5年以上経つ。これがなかなか難しい。

いや、わたしにとっては、無茶苦茶難しかった。

わたしの会話の多くは、嘘や悪口でできていたような気がする。当時の自分を擁護すると、それがいい、と思っていたところもある。一緒にいる人が面白いと思ってくれれば、大袈裟に話した方がいいだろうと思っていた。本当の歳より上に言った方が面白いだろうな、と思ったときはそうしていたから、一体わたしって本当は何歳だっけ？　と、1973年生まれで度々検索して調べたりしていた。

悪口だって本人の前なら面白ければオッケーだと思っていた。それに、その人が傷つかないとわたしが判断したツッコミ的なことなら、むしろ「その人」を助けてあげられていると思っていた。だけど、「その人」は、傷ついていることがあった。それにたとえ笑顔で別れても、わたしの知らないところで泣いている「その人」もいただろう。あるときは、わたし自身が「その人」だったこともあったはずなのに、「その人」を作っていたのだとも思う。


悪口というか陰口も言った。いや、評価かもしれない。良かれと思って「あの人はもう少しこうした方がいいよね」

「こうなるともっと面白いのにね」

ということを口にしていた（何様！）。

陰口や評価を言ってるときは、顔つきも悪くなるというものだろう。

思い返してみると、わたしの母は、よく人や物を「評価」していた。過去、母との大きな確執があったわたしは、反面教師として母をみていた。だから、母のような言動、振る舞いをしないようにと心がけていたのだ。しかし、わたしは、普段から「評価」をしていた。それに気づいたのは5年ほど前の、ある芸能人の結婚式だった。とても大きな披露宴で大勢のお客様がいた。そしてたくさんの方が順番に祝辞を述べていた。わたしは隣の席のビビる大木さんにずっと祝辞の感想を言い続けた。

大木さん、今の祝辞長くないですか？　あ、面白いですね、今の。あー、声が聞き取りづらいですねえ、マイクの持ち方ー。ははは、このエピソード、まあまあ面白いですね。

「青木さ」

「はい」

「なんで人の祝辞、評価してんの？」

わたしは、その瞬間、凍りついた。

そうか、わたしが話していることは、「評価」なのか。考えてみればそうだ。反面教師にしていたはずだったのに、母と同じことをしている。

それから披露宴の感想どころか、何も耳に入ってこなくなり、ほとんどその披露宴のことは覚えていない。

披露宴が終わり、会場をあとにしてボタンを押してエレベーターを待った。

「あ、このエレベーター、速いですね」

すると大木さんはこう言った。

「すごいな、青木。エレベーターも評価するんだ！」

この出来事は、わたしにとって物凄く大きかった。お笑いの先輩は時に笑いに変えて大きな気づきをくれる。笑いながらわたしも聞くのだが心の中では、あーやなとこ指摘されたわ〜誰も教えてくれなかったこと〜いや、普通言わないよね。気づいても。だって、きっと、とても言いづらいことだもの。

「言われた」から「聞きたくなかった」になり「そうだ、なかったことにしよう」になり「忘れられない！」になり「仕方ない認めますよ白旗上げます」になるまでには時間がかかる。だが本当に降参したそのとき、要らないプライドも一緒に解けていくような気がして結局ラクになる。お笑いの先輩たちには心の底から感謝している。だからといって同じような指摘を知らない人に居酒屋でされることは辛い。そうですねえ、と自分に落とし込む大らかさはわたしにはまだない。

態度、言葉づかい、このあたりは日々訓練と思い気をつけている。脚を組むことからは泣く泣く卒業した。だが、何十年も脚を組んできたわたしは、たまに無性に左脚の上に右脚を置きたくなる。だから演技の役柄によっては脚を組んでよいことにしていて、舞台上にいるのはわたしではない、という大義名分を自分に与えながら、脚を組むのが懐かしくて嬉しい。

乱暴な言葉づかいは控えている。その表現の方が、たとえ、面白いから言いたい！　と思ったとしても。見てる人からしたら実際には大した違いはないかもしれないが、わたしにとっては、あー残念だなこの表現が使えなくて。あー使いたかった、と寝る前に思い出してしまうこともあったりするのだが。

約束を守るというのも簡単なことじゃない。

食事の約束は守る。どんな小さな約束も順番にやっていく。口約束にしない、ということなのだけど、歳を重ねたせいもあるのか書き留めないと、わけがわからなくなる。書き留めたところで、殴り書きだと、なんて書いてあるかわからなくなるわ、一言だけだと、誰と何をしようとしてるのかさえ忘れている。困ったものだ。だから安請け合いを、前よりはしなくなった。お節介という性格から、なんでもかんでもやらせてもらいます、と大看板出して歩いてるところがあるし、なんなら頼まれてもいないことまで手を出して、せっせと相手の為だと思っている節がある。それで疲れてるんだから世話ない。

後輩から「食事連れてってください！」と言われることがあり、そんなありがたいことはないですよ、と思うのだが、仕事の宿題が溜まっていたり、娘のことをしばらくみてあげられてないな、と思ったり、動物愛護のところへボランティア行こうと思っていたな、と思い出し、

「必ず行きます、が、今月は無理なので」

と言うと

「いつでもいいので連絡ください！」

と言ってもらえるのだが、よし、書き留めようと思うと書き留めたことすら忘れてしまう情けなさ、みることすら忘れてしまう自分。

「あの、来月もう一度連絡いただけませんか？」

と失礼なお願いをしている。

約束は、した順番に。

これも、何故か難題だ。

いただいた仕事が、どうしても手につかない、進まないことが、ある。

何がって、この原稿がそうだ。1年近く、どうしても進まなかった。どうしてもだ。だが他の原稿は書けるのだ。子どもの頃、テスト勉強しようと思うと他のことをやりたくなった名残だろうか。違うか。なんらかの理由があるのであろう。

約束といえば時間を守るというものがある。

通知表には「遅刻が多いです」と常に書かれていた。それに対してわたしは、はい？　遅刻ならいいでしょう、あまり学校行かないさやかさんなのだから、遅刻しても行ってるわけでしょ、褒めてほしいくらいですよこっちは、と高校のときは思っていた。バイトだって気が向かないと休んでいた。クビになるたびにせっかく慣れたバイト先がなくなることも、わざわざ会うほどでもないが気兼ねなく話せるようになったバイト先の友人とも会えなくなるなーと思うと悲しかったけれど、休むこと多かったし仕方ないな、と1週間ゴロゴロ寝てれば忘れていた。このあたり、全く甘い感覚できてしまった。約束の時間より早く行くのはパチンコ屋に並ぶときだけなのだ。

だから、「わたしの割には、この仕事休んだことないんですけど！　凄いんですけど！　20年続いてる！　奇跡起きてる！」と、心の底から思っているのだ。だからどこかで遅刻だとしても間に合えば良くないですか？　と思っていた。

しっかりするのだ。それでいいのか。自分自身を客観的にみられるところ、敢えて自分の恥部に目を向けられるところ、そんな自分をかくさない、さらけ出して表舞台に立つ潔さこそが、青木さやかのかっこいいところじゃないか。なかなかいないよ、頼まれてもいないのに真っ裸になるそんな人。たまに青木さやか分析する記事が載っているが、青木さやかを一番正しくチェックし、そして一番青木さやかを諦めないのは、わたし自身だ。一番正しい分析はここにある。

さあ、自分で、この遅刻についての数行を読み返してください。50歳ですよ。

そして最後の2つが、わたしにとって一番難しいものであった。

感情は、わたしにとって大きな問題の一つだ。

人間関係がうまく行かなくなる原因の多くは、わたしにとっては感情から来るものが大きかった。もちろん、その時々の理由はある。それは正義感から来るものが大きかった。わたしが大切に思う人やモノを傷つけられたと判断したとき、途端に許せなくなる。いつか、わたしがやっつけてやるんだ、と体の中でその思いをもち続けてしまう。「頼まれてもいないのに、やっつけられても困るんだけどな」と、その人を思ってやったことだが、かえってその人を困らせたことがある。その正義感は、わたしのエゴであると仕方なく完全に認めたのは、最近のことである。

わたしには傷がある。言えない傷がある。誰にでもあるのだろうが、他人のそれに気配りができないほど、余裕がないときがあった。その傷を思い出させるような言動があったとき、わたしはそこから逃げ出したくなった。それがそのときの精一杯だった。

近しい人に、バカにされたと感じたり理解してもらえないと思ったとき、とてもとても悲しくなる。悲しいのだ、と言えないわたしは感情の全てを怒りで表現していた。いくら、あとで悲しかったから、と本音を伝えてみたとしても、それは後の祭りのときがあった。だって、相手は傷ついているのだから。

感情、というものは、今でも近しい人を傷つけることがある。

不貞腐れる、というのは、なおさらタチが悪いのではないかと思うことがある。何故なら、きっととても注意しづらい。ズルい。

「なにかあったのか？」と聞かれて、「なんでもない」だの「疲れてるだけ」だの、不機嫌に答えられた日には、「お――――い！　そりゃないよ――――」と相手は心の中で叫ぶしかないだろう。素直じゃないもの。可愛くないだろう。

この基本の8つのことを完全にできているかというと不完全だ。だけど努力している。大きく変化したのは、「間違えた」とすぐに気づけるようになったことだ。牛歩だが、一歩一歩螺旋階段を上がっていっている実感はある。わたしにしかわからない。下がっているときもある。下がるときは簡単だ。せっかく積み上げてきたものも一瞬で崩れる。仕方ないから、もう一度やり直す。コツコツとやるしかないのだ。せっかちなわたしには苦行であるが、変わればみえる景色が変わる、ということを、わたしはもう知ってしまった。

わたしは、何も、誰も、否定しないと決めているので、何を言われても思われても、否定はしない。悲しいときは、もっと余裕をもてるように頑張ろうと、思う。

人に不満をもたない、もたれない、というのも心がけていることだ。

これまた、難題中の難題だ。

人とわたしは違うから、一体、何で不満をもつかが正確にはわからない。だが、人にされてツラいなと思うことはしない、ということは心がけている。だから、なにかをジャッジして人と距離を自分からとることはしない。いなくなってしまったら、わたしが足りなかったのだと思うようにしている。寂しいけど、追わない。いつか、会えるように、頑張る。

8つのことができているかどうかを見直して、一瞬深く反省して、すぐに前を向く。

できなかったことが、できるようになったとき、みえなかった景色が少しみえたとき、関係性を再構築できたとき、そんな嬉しいことはない。

人からいくら褒められるよりも、一番自分に厳しいわたしがわたしを褒めたとき、それが一番大きな力になり、消えない自信に繋がっていく。「嘘つかない」対象の第1位は自分自身に対してだ。自分に嘘つくと、心がどこか苦しくなる。だから頑張ってやるしかない。

そして、なにより大切なのは、このようにぐだぐだとごたく並べてるヒマがあったら、行動する、ということだ。敏速に確実に命がけで行動をする。頭で理解をしなくていい、それを待っていたら過去の経験からくる疑り深さと固定観念で凝り固まってるわたしの頭では、先に死んでしまう。まず、行動。心は、あとでついてくる。と思って、頑張っている。

もっと自信をもって50代をすごしたい。これが希望の一つである。

自信をもたないと叱られてしまいそうだ。

わたしは、青木家の代表として、いまここにいる。そう考えてみると、何千何万とご先祖様がいたら、頼むから堂々としてくださいよ、と願うだろう。いつまでも「わたしなんか」と言わないでほしい、十分に頑張ってるじゃないか、と口を揃えて言っているのではないだろうか。わたしも娘には、どこで何をしていても、堂々としていてほしい。堂々としていられる毎日を送ってもらいたい。

話を元に戻すと、一人の人間の成長や反省を、まざまざとみせることが世の中の一つのピースのわたしが今できることじゃないか？　と偉そうにも思っているのだ。そんなことができるほどに、青木さやかという名前を多くの人が知ってくれていて、ありがたい限りだ。

頭の回線が切れたのかもしれない。こんなふうに感じて行動にうつすなんて。何かの衝動がなければ、一人で勝手にやっていればいいことだから。まさかこんなこっぱずかしいこと書こうだなんて、自分で自分が理解できない今なのだ。わたしの書くものは、総じて反省文か決意表明のどちらかである。暑苦しいものが多いのだ。過去の贖罪《しょくざい》か。しかし反省は短く。やってしまったことは仕方ない。すぐ前を向く。うまく行かないのは、頑張りが足らない、ただ、それだけのこと。

人は変われる。変わるまで、頑張る。

だから、わたしは、諦めない。

「断捨離」は本当のオトナへの儀式だった

50歳手前で、わたしの前に現れたものの一つが「断捨離」。

断捨離という言葉を創られた、やましたひでこさんとの出逢いであった。

初めての対面は、ひでこさんのご自宅。対談で自宅に来てください、なんて方はなかなかいない。一体どのようなお宅なのだろうか。

人の家というものは不思議なもので、
落ち着くなぁと思ったり、ハイになったり、片付いていてもどうもゆっくりする気分にならないなぁ、と勝手にこちらが感じることがある。その空間が、その人を創り出しているのか、はたまたその逆なのかわからないが、その人の家にじっくりといられる相手とは同じ時間を共有し仲良くなっていくことが多いように思う。

わたしにとって、自宅は基地のようなものである。60平米くらいを1LDKにリノベーションした我が家には好きな物を集めている。西向きの大きな窓からみる夕日の時間は贅沢の極み。窓が真っ赤に染まり一気に暗闇になる。ラジオを消して、キッチンに立ち、無音の世界で至福のマジックアワー。世界一の我が家である。

ところが、やましたひでこ邸に行き、我が家No.1説がガラガラと崩れていく。ひでこ邸。なんと表現したらよいのだろうか。

広々とした空間にシンプルで大きな机。物はないわけではない、あるのだが、美しく、一つ一つがそこに佇んでいる。汚れや澱《よど》みがなく、どこをとってもクリアな空気が流れているようだ。クローゼットにはお揃いのハンガーに、明るい色合いのお洋服がスペースをとりながら並んでいる。まるで、一見《いちげん》さんでは入りにくいほどの高級ブティック。

引き出しも開けさせてもらう。収納ケースや仕切りなどはなく、そのまま物が置かれている。下着は整頓され同じ方向を向き、ディスプレイされているようで、これ買おうかしら、と言いたくなる。誰かが住んでいる家だとは思えない仕上がり。


「ひでこさん。これは。これは、凄い」

「どこでもみていただいても大丈夫よ」

「はい、いやあ、これ。感じたことないです、家で、この雰囲気、空気感ていうんですかね」

「さやかさん、私はね」

「はい」

「家を神社にしたらいいと思ってるの」

「あ、神社の、そうだわ、神社の感じですよね、このスッと背筋がのびる感じ」


わたしはひでこ邸のぴかぴかの洗面所をみまわしながら溜め息をついた。タオルも小さく丁寧に畳まれて同じ方向を向いて鎮座している。詰め込まれているのではなく、なにもかも、セットされているのだ。チリ一つなく、澄み渡っている。最高の都会のホテルの部屋の雰囲気でもある。ホテルライク、という表現も遠からずだが、整頓されているから良い、という次元の話ではないようだ。「気」の問題だろうか。強くてしなやかな「気」を感じるのだ。何しろ、ここに滞在したい。おいくらで泊まれるのだろうか、見学できただけで多分相当ラッキーなのだろう。

ひでこ邸にただただ圧倒され、アイラブ我が家に戻ると、愕然《がくぜん》とした。あれ、こんなに、モノが溢れていただろうか。ひでこ邸と比べてしまうと澱みを感じる、アイラブだったはずの我が家。
今朝までは、この空間になんの疑問も抱いてはいなかったはずなのに。

しかし、わたしはみてしまった。ひでこ邸。

知らない幸せって世の中にあると思うのだ。知ってしまうと、そこに比較が生じてくる。
うちとひでこ邸。どちらがいいの?

残念だが、断然、ひでこ邸。

ひでこ邸の方がいい理由は、高価そうな物が置いてあるからではない。景色がいいからでもない。部屋が広いからでもない。もちろん、それらも、なきにしもあらずだが、そこではないのだ。

何なのだろう。

うちは来客もあるのである程度片付けてはいる。片付けるために、たまにお客を呼ぶという側面もある。その度、「素敵なお宅！」とお褒めの言葉をいただく。みえるところは、ある程度片付いてはいるのだ。

ふと、実家を思い出した。
年々、わたしは、母に似てくる。
声のトーンや性格もそうだが、母の掃除の仕方や物の片付け方に似てきたな、と感じる。

母は早朝から寒い日も暑い日も、窓を開け空気の入れ替えをした。窓を開けると次は掃除機をかけた。昭和の掃除機は丸こくてやたら重かった。コードの引っ張りすぎでコンセントから抜けて、さあ次のコンセントへ、と抜き差ししながら使用していた。これが母の朝のルーティンであった。

休みの日も早朝から窓を開けた。寝ている家族にはお構いなく開けるものだから、冬場はあっという間に顔が冷え、布団に頭を突っ込んだ。ブィーン！　と、大きな音を立てながら掃除機をかける母のことが、大いに不満だった。寒いし煩《うるさ》いし、この人休みの日から嫌がらせかしら？

ところがどうだろう。今、わたしは休みだろうが仕事だろうが、6時台に起き、まずは窓を開ける。朝の空気を部屋に存分に入れて、そのあとはマキタのコードレス掃除機で家中をウィーンと回るのだ。

娘は「静かにして……」と文句を言いながら布団にもぐり、また眠りにつく。

似ているのだ。母とわたし。

そうやって考えると、モノの量や、しまい方も似ている気がしている。
実家は片付いてはいたが、モノは多かった。下着やタオル、靴下なんて、箪笥《たんす》にぎゅうぎゅうと詰まっていた。綺麗に畳み、だが、押し込んでいた。洗濯も一日に一度する几帳面な母だったので、箪笥に詰めてある下着の一番下のモノなんて、一生辿り着くことはなかったのではないだろうか。だが、なにかあったときの為にとってあったのだと思うし、捨てるほどは草臥《くたび》れてはいないのだ。まだ使える、濃いめのベージュのシュミーズは山のように押し込まれていた。時折、母の濃いめベージュのシュミーズを拝借し、そのまま東京に持って帰ったが、数枚なくなっても気づかなかったのではないだろうか。

「一見綺麗にみえるが、みえないところにはモノが押し込まれている」

わたしも、まさに、そうなのだ。

それで良いと思っていた。クローゼットや引き出しは、モノを押し込むところだろうと、思っていた。

ひでこ邸に衝撃を受けて半年後、やましたひでこさんはうちにいた。『ウチ〝断捨離〟しました！』のロケで来てくださったのだ。ひでこさんは玄関を入って5分経たず、こう言った。

「素敵なおうちね、うん、素敵素敵。だけど、物が多いよね。それにみえないところに物が押し込まれてる感じがする」

まだみてもいないのに、断捨離師匠ともなるとチェストの中も、クローゼットの中もお見通しなのだろうか。

「さやかさん」
「はい」
「家はね、その人そのものだから」
「はい」

「家をみると、その人がみえてくるのね」

「はい～」

「みえないところが片付いていない、モノを押し込むというのはね」

「はい」

「みせたくない、隠してる自分がある、ということだから」

「は、い」

「自信のなさ、自己肯定感の低さ、という言い方もできる」

「え、家をみて、自己肯定感の低さが。そんなことが、わかるんですかね」

「わかるよ」


家は、そこまで本人を映し出すというのだから驚く。

わたしは「自己肯定感が低い」ということを自認している。50歳手前で、今更親に褒めてもらえなかったから自信がないのよ、なんてカッコいいわけではないからこんな機会でもなければ言いたくはないのだが、実際、もっともっとお母さんに褒めてほしかった（切実！）。

「まだまだ上があるじゃない」一本道で育てていただいたおかげで、わたしはどれだけ世間や他人に高く評価されようが、自信をもつことは難しいという大人になった。仕事が増えようがお金を稼ごうが、自信に繋がることはなかった。一瞬の喜びはあるものの、数日でシュルルルと自信のない自分に戻っていく。自信をもつにはお金でも、地位でも、彼氏でもないのなら、どうすりゃいいというのよ。万策尽きた（諦めが早い）！

自信をもち日々楽しく過ごす、というのはわたしの大きな課題の一つである。

過去には自己肯定感を高くしようと、チャレンジを試みたこともある。

30代。

「あなたの中のインナーチャイルドをあなた自身が抱きしめてあげてください」みたいなカウンセリングを友人に勧められ埼玉まで行ったこともある。そこはピーターラビットの絵本に出てくるような可愛らしい一軒家であった。ピーターラビットが髪を伸ばしたような柔らかい雰囲気の40代くらいの女性が出迎えてくれて、数分言葉を交わしたあと、対面で座った。

「ゆっくり目を閉じて、そう、その調子」

それでもチラチラと目をあけて様子を確認する疑り深いわたし。みてみると、ピーターラビット婦人が目を閉じていた。わたしは微笑みを絶やさず続けた。

「いますよね、あなたの中のインナーチャイルドを見つめて、そう、それは小さな、小さな、あなた。あなた自身。その子を抱きしめてあげてください」

「……」

「いましたか？」

「いま、すかね、ちょっと見当たらなくて」

「感じて、よくみて」

「はい」

「いましたか？」

「あの、これは、必ず、いる、ものでしょうか？　いないという場合も」

「います」

「いるんですね」

「いましたか？」

「さがしています」

「……」

「……」

「いましたか？」

「あ、えー」

「いましたか？」

「はい、いました」

おへその上あたりが収縮した。わたしの見つけたインナーチャイルドは、もしかしたら、胃かも、しれない。いや、これがインナーチャイルドかも、しれない。そうとしよう。

「抱きしめてあげてください」

「実際に？」

「心の中で」

「やってみます」

わたしは、胃を抱き締めるようなイメージを頭に描いた。

「そうですそうです」

合ってるのだろうか⁉

「あなたのお腹のぉ、小さなぁ、インナーチャイルドがぁ、今ぁ」

声のトーンを2つ下げて、語尾を伸ばし語りかけてくる。

「満足してぇ、います。さあ、ゆっくりと目を開いて」

「はい」

「いかがですか？」

　よくわかりません。

「すごく、あの、初体験、です」

　嘘はつかぬよう、失礼がないよう。

　出していただいたぬるめの黒豆茶をいただきながら談笑し、

「なかなかないです、このような機会は、ありがとうございました」

　と、埼玉にある絵本の世界を後にした。はて、インナーチャイルドはいなくなったのだろうか。わたしのインナーチャイルドは、今何処《どこ》へ。大体インナーチャイルドって一体なんなのだろう。インナーチャイルドをどうにかすれば自信がもてるものだったのだろうか。しっかり調べずに行くから理解せぬまま、ヘラヘラと談笑し帰ることになるのだ。

また、あるときはメンタルトレーナーの方にも
「わかりました。ズバリ言いますと、あなたの自信のなさは、親が原因です」

と、ジッと目をみてご指摘を受けた。

それは、わかっているのです。

「はい、で、どうすれば良いのでしょうか？」

「まずは原因を知ることです」

それは、数年前からできている。

わたしはその後が知りたいのだ。


あるときは、わたしを褒めてくれる男性もいた。だが、わたしは、褒めてくれる人からどうも逃げたくなる。ありがたいのだが、一緒にいるのが苦痛になる。わたしが嫌いなわたしを褒める男ってなんなの。気持ちが悪い。レベル低ってどこかで思ってる。人に褒められて、自己肯定感が上がるものではないのかもしれないなあと、経験上感じてはいた。

36歳で親になったが、親になることで自信がつくわけではなかった。たまに自信に満ち溢れているようにみえる母親業の人を見かけると、子を育てているという自信なのか、元々こうなのか、羨ましいを通り越して自信のないわたしには不可思議な人種にみえる。

親になり、自己肯定感の低さは、新たな悩みをもたせることになった。自分のことが好きにはなれない自分が、娘をただ愛するということが、難しいのだ。これには参った。

40代にもなり、若い頃よりは図太くはなった。まあいいや、とも、昔よりは思えるようになっては、いる。だが、もっとそうなりたい。スピードを上げたいのだ。

ロケ中、走馬灯のように、わたしの自己肯定感アップの歴史を思い出していた。

「さやかさんさやかさん」

ひでこさんに呼ばれていた。


「はい、ひでこさん」

「自己肯定感はね」

「はい」

「人に上げてもらうことはできない」

「そうですか、やはり」

それは薄々感じていた。

「自己肯定感が低い人が、人に褒められても、それはマイナスになっていくから
どんどん自信を失う」


なるほど。驚いた。しかし、その理屈はよくわかる。

「さやかさん、自己肯定感は上げられる。上げられるのは自分だけ。自己肯定感が低くなった原因は、そりゃあるよね。それぞれ。なんだっていいじゃない。原因は。原因がわかったからといって解決するわけじゃないんだから。自分次第で自己肯定感が上げられるよ、というか、それしかないから」

「ひでこさん、その理屈、とても腑に落ちます。わたしの、人生のテーマでもあるんですよね、自己肯定感を上げる。どうすれば？」

「だから」

「はい」

「断捨離」

「え」

「断捨離で自己肯定感が上がる」

「断捨離で？　上がります？」

「上がるよ、それしかない」

「なぜ、断捨離で自己肯定感が上がるのですか？」

「断捨離ってね、物を絞り込んで、絞り込んで絞り込んでいくというアクションなのね」

「はい」

「今の私にとって必要なのか必要でないのか、ふさわしいのかふさわしくないのか、心地よいか心地よくないかを、物を通して一つ一つ自分に問いかけていく」

「はい」

「自分自身の思考、感覚、感性を尊重していくアクションなのね、だから即ちそれは、自己肯定感を上げていく訓練になる。逆に、捨てられないということは、自分の中にある過去へのとらわれ、未来への不安、つまり必要なものは必要なだけ得られるんだという、自分への信頼や確信がない」

「はい」

「だから、まずは行動。自己肯定感を高めるために、執着のある物を手放す、不安の証拠品である物を手放す。断捨離という行動で、スパイラルを変えていく訓練、なのね」

理解。

執着を手放す、というモノでの訓練。モノを見直し大切にすることで、大切なモノに囲まれている自分が大切にされる。それが自信に繋がるのだ、とひでこさんは言っているのだ。

実践して変化してきたというご自身の説得力が、ひでこさんと、そして、ひでこ邸にはある。「ご本人」というお手本と、「ひでこ邸」という見本があり、どちらも自信に満ち溢れているのだ。眩《まぶ》しい！

そこから、ほぼ毎日、頭の中には「断捨離」がある。「断捨離」がわたしのルーティンに入ってきた。時には、ひでこさんのＹｏｕＴｕｂｅの中にある、ひでこ邸の映像をみながら、気合を入れている。

さて、自己肯定感だが、上がってきているに違いない。気持ちはすっきりと元気になってきた。わたしの家はどこの扉を開けていただいても大丈夫よ、という自信もある。来客があると、頼まれてもいないが、ルームツアーを始める。

アイラブ我が家は、日々の断捨離を経て更新されている様子。モノが詰め込まれていた収納スペースがスッキリすると、不思議とそこがみえなくても空気がスッキリするものだ。

自信をもつ訓練をしながら、家が綺麗になるなんて、一石二鳥。時折、夜中に家具をおもむろに移動したり絵の配置を変えてみると気持ちも変わるというものだ。

わたしの「断捨離」の旅はまだまだ続く。

〝オトコ〟って、わからない！

オトコに対する恐怖心がある。理由はわかっている。

一つは、小学校の下校途中に遭遇した、長ランを着た痴漢である。両親が共働きで、小学生のときは学校が終わると、祖父母宅へ帰っていた。学校から20分ほどの距離だった。

田舎なので夕日が沈む前とはいえ、クルマの通る道でも、そんなにクルマも人も通らない。坂道を一人歩いていると、正面から、坂道を上がってくる長ランのオトコがいて、わたしの前に立つと長ランのポケットに手を突っ込んだまま、長ランをバッと開いた。なんと全裸だった。「これ触ってみる？」と聞いてきた。わたしは、その全裸長ランの申し出を断り、早足で後ろも振り向かず歩き続けた。

祖父母宅の玄関を開けるまで一度も振り向かなかった、と思う。

わたしは、何事もなかったかのように「ただいま」と言って、何事もなかったかのように、いつも出してくれる祖母の作ったサツマイモを料理したオヤツを食べて、何事もなかったかのように祖父のうんちくを聞いているふりをした。

今も鮮明に記憶に残っている恐怖の出来事だったが、当時小学生だった少女のわたしには決して誰にも言えない秘密の出来事になってしまった。

「なかったこと」にしたのだ。

なぜなかったことにしたかったのだろう。

生理も来ていない少女が性の対象になったことで、自分が汚らわしいと思ってしまった、汚らわしくなってしまったのではなかろうか、とも思ったし。

なにしろプライオリティ第1位は世間体という一家だったので、あのお宅の子が痴漢に合うなんて！　とウワサされたくない、という思いだったのかもしれないし。

全裸の長ランに、逆襲されてはたまらないと思ったのかもしれない。

当時のわたしには、その恐怖を伝えられる相手はいなかったというわけだ。

わたしは、その恐怖に蓋をした。蓋をしてしまうと後々大変ですよ、という知識はなかった。だから、しっかりと蓋をして、南京錠をかけたのだ。

この長ラン痴漢を皮切りに、20代まで怖い経験を何度かしてきたが、その記憶にも蓋をして、さらに大きな南京錠をかけて放置した。

さて、人というものは「なかったこと」にはきっと、なかなかできないもので、解決してこなかった傷は、処置もしてないわけだから、化膿して広がって蓋したはずのところからウミが漏れ出してくるのだ。

たとえば、飲みの席で男性が何気なく言った下ネタや、恐怖を味わわせたあの男に似た男性をみかけたり、攻撃性のある男性に出くわしたりすると、蓋が開いてしまいそうになり、開くと自分がコントロールできないほど壊れてしまいそうになるのがわかっているので、その場から立ち去ってみたり、もうそういう相手がいる場所には行かないようにしたりするしかないのである。

忘れたい過去が蘇る
というやつなんだと思う。

そんなだから、わたしの敵は〝オトコ〟である。という時期は長かった。


「青木さん」

「なになに」

仲の良くて心を完全に開いている男友達はいた。

「男ってさ、そんなやつばっかりじゃないから」

「あ、そう。そうかね」

「そうだよ」

「そうだね」

「そうだよ」

わたしは、きっと不必要にオトコを試して傷つけて、自分から離れていくように仕向けた。絶対に離れてほしくないのに。これでも離れない？　これでも？と、試してしまうのかもしれない。

諦めないで、わたしを！

という願いの中、離れていくような言動を繰り返すのだ。すると、皆さん諦めていく。

そりゃそうだ。離れて正解。わたしが男たちの母親だったらこう思いますよ。

他の女性にしたらどうかしら。

わたしに過去関わった男性たちには、土下座しても謝りきれないが、まあ、自分のことを客観的にみてみれば、こんな感じであろう。男性でついた傷は、男性で癒すことは、わたしにはできなかった。

男性たちは諦めていくのだが、わたしのことを諦めることができない人物がいる。それは、わたし自身である。

歳をとるのは悪くない。

いろんな経験をするわけで、あんなに大きかった男性から受けた傷が大したことないものだとも思えてきた。視力も落ちてきて、わたしがみたくないタイプの男性の顔もぼやけてみえるようになってきた。

蓋をぐぐーと自ら開けて、化膿してぐちゃぐちゃになった傷を整理してみようという余裕ができた。

年頃の娘をもっていると、地域の痴漢情報が入ってくる。どこどこの細道に何時何分痴漢出没。このような風貌の男でこのような被害があった。LINEで送られてくる。娘ともその情報を共有し、できるだけ日が落ちない時間に、できるだけ人通りが多い道を通って帰りなさいね、と伝える。

性被害というものは、きっととても多いのだと思う。ＬＩＮＥで流れてくる情報は、勇気を出して被害を受けた子が誰かに言ってくれたから公になっているわけであって、ほんの氷山の一角なのであろう。被害を受ける子は、女の子とは限らない。男の子だということもあるし、そのことに驚かなくなっている。

わたしは、怖い思いをしたが、問題は、被害にあったこともあるけれど、それを隠したことも大きいように思う。あのとき、親に言えていたら。話せる友達がいたら。もしかしたら違っていたかもしれない。後の祭りでわからないけれど。

オトコなんてと思っていたから、オトコたちはわたしを攻撃したのかもしれないし、オトコに負けじと思っていたから、オトコたちはわたしを可愛がらなかったのだろう。

大体可愛がってもらおうとなんてつゆほども思っていなかったしね。

しかし、ここへきて、オトコに救われた経験があるし、この先だって近くにいてもらわなくては困るオトコたちはいる。そのオトコたちと、うまくやっていきたい。

さあ、どうする。

こうなったらマッチングアプリ。そして、お見合い

「友達がね、再婚したのよ、出会って半年くらいで」

間もなくバツイチになろうとしている同世代の女友達が、小声だけど芯のある音でわたしに報告してきた。何年も前から離婚を考えている彼女とは、既に何年も前からバツイチ仲間のような会話をしている。

わたしたちは、いつものロイヤルホストにいた。夜のロイヤルホストは雰囲気があって好きだ。わたしは炭酸水をカクテルだと思って飲んだ。

「再婚したのよ〜突然」

「あら、よかったね！」

「さやかちゃんは、どう、最近？」

「どうもこうも、いやまあ、ないことはないけど、わざわざ報告することは、ないです」

「そっか」


何もないことは、ないのだが、うまくいっていないような話や愚痴に聞こえてしまうような話を聞いてもらうことは極力なくそうと努力しているわたし。話したいけど、話したら明日も話したい話したいになって、結局1年同じ話してますけど！　になるんだもの。

「さやかちゃん、むちゃくちゃモテるからよりどりみどりだろうからね」


皮肉でもなく真っ直ぐにわたしをみてこう言ってくる友人は頭がイカレているのだろうか。

いけないいいけない。

わたしはむちゃくちゃモテる。むちゃくちゃモテる。自己暗示最高。

「さやかちゃん、マッチングアプリ、やったことある？」

「どんなだっけ？　出会い系サイト？」

「うーん、そんな怪しい感じではないのよ。結構、みんなやっててさ。再婚した友人もマッチングアプリで知り合ったのよ」

「へーそうなんだ」

「北海道の人と知り合って、メールのやりとりで意気投合して、実際に会ったらすごく仲良くなって」

「うんうん」

「で、北海道に住むことになったの」


再婚した子の他にもやってる子がいてね、評判いいのよ。わたしたちもマッチングアプリやってみようよ、と友人は言った。いや、あなたまだ離婚してないから、あ、そうだったわ忘れてた、やだ忘れないで、なんて会話をしながら、わたしは、物は試しでマッチングアプリとやらをダウンロードしてみた。

物は試し、と言いながら、そこに薄い期待がないわけではない。いつだって王子様を探しているよ。そっと。期待しすぎると落胆があるから薄い数ミリの期待にとどめよう。誰にも知られないように。


「さやかちゃん再婚考えてる？」

「うーん。まあ、想像つかないけど、まあ、うん」

「歯切れ悪いね」

「考えてる！　したい！　というほどの元気と自信がないんですね、わたしには。多分」

「さやかちゃんほど魅力的でもそう思うんだね」

さやかちゃんほど魅力的でも、だって。頭イカレてるな。

「まあ、こればかりは、相手がいることだから。というか、離婚だけはしたくないという気持ちもあるからかな、いや、なんだろう、再婚したいのかどうかすら、わからないです」

「そうなんだね」

「再婚がしたい、というより、好きな人ができて、何度か会って、それで、もっと会いたいな、となっていって、結婚したい、となるの、かなあ、まあ」

「パートナーでもいいんじゃない？　さやかちゃんの話聞いてると」

「それがさ、時代に逆行してるようだけど、わたしは、なんか相手の苗字になる、みたいなことに憧れというか、安心感が、あるような気が」

「そうなのね」

「わたしみたいな人いるのかなあ。今や、夫婦別姓とか、パートナーとか、聞くけど、わたしは家族がいいなあ、と思ってみたり、しています」


ま、よくわからないんだけど、とわたしは何度も言った。実際よくわからないのだ。恋愛と結婚は違うのですよね、家族というのは家族なんですよね、女性として求められたいが、結婚したらそこは薄れるのだろうか。仕方ないのだろうか。それは、わたしにとっては、とても寂しいのだ。何十年も連れ添った夫婦に大いなる憧れがある。山あり谷ありで過ごしてきたのだろうが、二人三脚のようにもみえて、それってどんな感覚なんだろうか。ものすごく興味がある。それにわたしは、なぜだか、男性を求めている。男性と二人三脚で生きていくことを、熱望している。

大事にされてる女の人って、その女の人がそういう人だから、大事にされてるわけで、だから、わたしは、大事にされる自分になる努力をすればよいわけで、ということは、大事にすればよいわけだな。相手を、大事にすれば、よいわけだな。わたしは、かつて、男性を、大事にできたことがあるだろうか。ないかもな、ばかやろう。わたしの、ばかやろう。

わたしは、目をぎゅっと瞑《つむ》って、息を吸い込んだ。

「さやかちゃん、どんな条件？　どんな人がいいわけ？」

「うーむ」

「イケメン好きでもないもんねえ」

「わたしは、イケメンだと思ってつき合ってるんだが、別れた後に、あの人はイケメンではないよと友達に言われますね」

「一般的なイケメン好きではなさそう」

「六角精児さんが好き、好きだわ、好き！」

「それは一般的ではないかも」

「いや、相当、イケメンというか、かっこいいのよ、とにかく、かっこいい。会ったらわかると思います」

条件、ないかも、ないなあ、ないと思う、思うが、と、自分で言いながら条件がないことを確かめた。

現実的に考えれば、子どもが好きな人とか、犬と猫がいるから動物好きな人、とかそういうことをあげるのだろうか。

だけど、そこから選ぶって、どうなんだろうか。たまたま出会って、たまたま気が合って、たまたま好きになって、それが自然なのではないのか。

いや、自然に任せて、条件も考えず、好きだという情熱だけで、合わない条件の部分も、つき合えばなんとかなるさ、と思ってきたが、そうも行かないことを何度も経験してきた。人は簡単に変わらないのだ。結局、合わない条件は、合わないのだ。

はたと気づいた。

50歳手前のわたしは、ずいぶんと弱気になっている。頭でぐちゃぐちゃ考えている。頭で考えはじめるのはまずい傾向である。頭で考えるなんて、限界があるよ、考えてうまく行ってたら、恋愛迷子になってないもの。

わたしはパフェを注文した。

甘いものでも体内に入れて、忘れてしまおうではないか。

ともかく、わたしは、いま恋愛に関して、異常に弱気になっているということを認識できた。ガッカリ。

こんなわたしも、お声が全くかからないわけではない。そしてそのお相手はとても素敵な人なの、というときだってある。だけど、自分の気持ちが動かないと、どうしても優先順位が低くなってしまう。

えーと、次にお会いできますのは、そうですね、来年の半ばあたり、でしたら。いつだよ！　って感じですよね。

しかしだ。これが自分が夢中になると、何があっても優先順位が1位になる。今日の午後なら空いてる！　となってしまうわけだ。自分のこういうところ、面白いけど、やめたい。

わたしは、パフェの中でも痩せそうなヨーグルトのパフェをいただきながら、友人と「歳とったよね」話に花を咲かせた。

元々は娘が乳児の頃のママ友だったが、子ども同士のつき合いも減り、女同士で話せる関係になってきて、気が楽になった。そういえば娘の小学校の卒業式で、わたしは泣いた。娘の成長した袴姿に泣いたのではなく、わたしは頑張ってきた自分に泣いた。中学に入ると様々な人たちとの関係性がだいぶ薄めになる、ああ、わたしは娘の親としてこんなにだらしないのによく頑張ってきた。だらしのなさはバレてないと思いきやバレることもあり平身低頭で謝った、それも立派だよ。

慣れないこと、これでも頑張った。

涙が流れた。

わたしがなにかから卒業できたのだ。

ロイヤルホストを出るとき友人は「マッチングアプリやってみて！」と言い、わたしは「マッチングアプリまだやらないで！」と返し、笑いながら別れた。

その日の夜中、じっくりとマッチングアプリをみてみた。娘は横で寝ている。その隣でマッチングアプリを開く母親。お洒落。

驚いた。今のマッチングアプリ。

コミュニティなんてのがあり、ゴルフ好きとか、お酒好きとか、山好きとかノーマルなものから、このアーティスト好き、感動するとすぐ泣いちゃう、間取り図みるのが好き、高田純次好き、もう数えきれないほどのコミュニティがある。

サクラはいないのだろうか。かつて、20代の頃、出会い系サイトのサクラのバイトをしていた身としては気になるが、まあ、それはどうだっていい。今の時代は男性のサクラもいたりして。

わたしは書ける範囲で登録してみた。

さやか
48歳
バツイチ
子持ち
東京在住
クリエイター

写真は出さなかった。

友人からは、いいね、がたくさんくるけれどよく吟味して、と言われていた。スマホの中でモテるのも悪くないかもしれないと、眠りについた。

数日経った夜中、久しぶりにマッチングアプリを開いた。


いいね、が3つ、ついていた。

わたしは、スマホに向かって、ありがとうございます、と頭を下げた。

さてさて、まず一人目。

なんと20代の男の子である。

パティシエ志望、となっているが、志望ということは、いまは一体。

みるからに若くて、斜め下をみた写真を載せていた。四国在住。

なぜ、わたしに、いいね、してくれたのだろうか。わたしは、ありがとうございました、と頭を下げて、次のいいね、にうつることにした。

2人目は、50代の会社員の方。バツイチ。気になるのは相手に求める条件だ。

「幸せにしてください」

いや、あの、どうにか自身で幸せになろうとしてもらえないでしょうか。わたしはありがとうございました、と頭を下げた。

3人目は、60代の男性、バツイチ、会社役員だと書いてあった。写真はなかった。彼には、いいいね、がたくさんついていた。年収が高いからだろうか。

わたしは、ありがとうございます、とメッセージを送った。

そこから、メッセージのやり取りをはじめた。

わたしには、まだ伝えていないことがあった。それは、癌サバイバーだということだ。やり取りが進む前に伝えておくのが義務だろう。いや、必要ないのかな、いや、必要ですよね。先に伝えねば。

どう書こうかと迷っているうちに、彼のことが少しわかってきた。ロジカルに物事を考える学者風な人であった。彼の薦めてくれる本は面白かったし、知識は参考になった。彼との数週間のやり取りは心は全く躍らなかったが、興味深い話のやり取りではあった。

あるとき、写真を送り合いましょう、となり、彼は自身の写真を先に送ってきた。わたしは、その写真をみて、

えーと、好きになれるかな、えーと、なれる、かもしれない、顔みて、なしなんてそれは人としてないもの、頑張ろう！　と、自分を励ました。

わたしは、ギリギリ自分に見えない写真で、大変に美しくとれている数年前の写真を少しだけ加工して彼に送った。

そして、ありがとうございます、というメッセージを最後に、彼からはなんの音沙汰もなくなった。

あんたが顔で選ぶんかい！

わたしは心で思ったが特別ショックでもなく、翌日には忘れていた。

癌サバイバーと伝えなくては、という心配は杞憂《きゆう》に終わった。

これをもちまして、数週間のマッチングアプリ生活は幕を閉じた。

数週間後、銀座のママから電話があった。さやかちゃん来てよ来てよ、いいことあるから来てよ会いたいわ、と矢継ぎ早に伝えてきた。こうも熱烈なオファーであれば行くしかない。

わたしは数日後、銀座の雑居ビルにいた。

そのクラブは銀座の六丁目の雑居ビルの9階にあった。12畳程度の店内には小さなカウンターとソファ。壁は鏡ばりになっていて一番奥には所狭しとグランドピアノが置いてあった。店内はベルベットの深い赤色をしていた。とても小柄でおかっぱの70代のママは、「マミーと呼んでねさやかちゃん」とニコニコしながら言った。ピンク色のニットの下にグリーンのシャツを着てベージュの帽子をかぶっていた。

世の中には、わたし以上にお節介な人がいるもので、今日はなんと、わたしのお見合いだ。

この数ヶ月、ボーッと生きてきたので、どこで知り合ったか覚えていないが、すみちゃんという40代でおかっぱのいつもミニスカートの女性に誘われるがままここへ来た。すみちゃんは、会うと必ずお土産をくれた。この前はゴムのサンダルを3足くれた。厚底の絶対一生履かないものだ。「大丈夫、わたしは。使わないから」と言うと「外国人にあげて、さやかさん！　外国人は喜ぶから」と、渡してくれた。

すみちゃんとマミーと80代のウッキーというおばさんが、さやかちゃんにいい人を！　と相談し、今日があるのだ。

「さやかちゃん」

ウッキーは、これまでに数十組のカップルを成立させてきたという。

「今日あたしが着てる服はね、黒柳徹子さんのお洋服なのよ。あたしには小さくてね、しまらないけど、着てるの」

ボタンは一つもしまっていない。

マミーがカウンターの奥から、

「さやかちゃん、雑炊食べる？　何にも入ってないけど」

浅い陶器の皿に入った、ワカメが少しだけの雑炊を持ってきて、その上に何かのドリンクをドボドボとかけた。

「これね、コロナに打ち勝つ液体。良かった、まだあって。たくさんかけるわね。いい？　この液体がここにあることは、内緒」

わたしは、失恋のおかげで、なんだかわからない世界へ突入していた。いただきます、と手を合わせ、コロナ撃退雑炊を食べた。謎の液体はたぶん無味だった。誰かがわたしのために作ってくれたものをいただくのは幸せだ。これが最後の晩餐になってもいいか、くらい温かかった。マミーはあまり美味しくできなかった〜次は焼きそばね〜と言いながらカウンターに戻った。

「さやかちゃん」

ウッキーが、真っ直ぐに、わたしをみた。瞼がおちて目がほとんど開いていないが、しっかりと見つめていることは恐ろしいほど伝わってきた。

「さやかちゃん」

「はい」

「あたしはね、さやかちゃんとお嬢ちゃんがね、これから一生お金に困らない人を呼びました」

「まだ会って間もないわたしのために、ありがとうございます」

「さやかちゃんは、素晴らしいの」

「はい」

「あたしはね、人を見る目はあるから」

「はい」

「死別です」

「あ、はい」

「お相手の方、奥様と、死別」

「あ、はい」

「行ける？」

何が？

「行けます」

「お住まいはね、埼玉なの。行ける？」

「埼玉には、行けます」

「さやかちゃん、素晴らしいわ」

何が？

「ありがとうございます」


ウッキーは、誰かによく似ていた。

わたしは思い出した。

ウッキーは、浪越徳治郎さんによく似ていた。

「指圧の心は母ごころ　押せば生命《いのち》の泉湧く」の、浪越さんだ。

浪越さんを思い出すことがあるなんて。

「焼きそば、お肉は入っていないんだけどね、ごめんね」

マミーが丼に焼きそばを2玉はあるだろうか山盛りにしてもって来た。その焼きそばは冷めきっていた。どうやら家で作ってきたらしい。各々が直径8センチほどしかない小さな白い小皿にとりながら食べた。焼きそばは固まっていたのでとりづらかったが、一口で子どもの頃母が作ってくれた焼きそばを思い出した。

ついでにわたしは母を思い出した。

母は、死んじゃったけれど、生きてるときより近くに感じられる。わたしは車の運転席のダッシュボードの上に母の写真を置いて毎日母に聞いている。

「今のわたし、大丈夫ですかいね」

生きてる間は親不孝をして、死んだ後にも心配かけて、ひどい娘だよ。

出来の悪い子ほど可愛いというから、可愛くて仕方ないのだろうとも思う。

母は恋愛体質の人だったと、思う。

仕事で成功したけれど、成功してるとまわりにも思われていたけれど、男に頼りたいと思っていたと思う。親にも子どもにも、友人にも、もたれかかるようなことはしなかった。男にもたれかかりたかったのだろうが、最終的には、縁がなかったのか縁を切ったのかわからないが、母は、祖母と暮らし祖母を看取るという目的をもって生活をしていた。その目的は叶わず、母は祖母よりも先に死んだ。

お母さんは、今のわたしを、銀座の雑居ビルでドリンクをふりかけた雑炊を食べながら流れに身をまかせようとしているわたしを、どう思っているのだろう。


「いらっしゃいました」

急にタレントとのお見合いとやらに呼ばれた男性は50代で中肉中背で会社をいくつかやっていてゴルフが趣味で博識で、きっと、申し分なかった。


「さやかちゃんはね、動物愛護の活動をしています」

ウッキーが続けた。

「あなた、いくら寄付できるの?」


どんなお見合いなんだ。

男性は、声が低音で美しく響いて、わたしの質問に的確に答えてくれた。

もしかしたら、ここから何かが始まるのかもしれないし、始まらないのかもしれないし、わたしが積極的に動くことはなさそうだけど、この人が動いてくるなら、会うこともあるかもしれないし、ないかもしれないな、と思った。

「ピアノがね、すごくいいのよ、それに音響、天井や壁にもお金かけたのよー」

マミーが鍵盤を叩いた。確かにお店全体に広がるいい音だった。

わたしは、弾いてもいいですか？　と聞いて、どうぞどうぞ嬉しいとなった。

「さやかちゃんはピアノも弾けるの、素晴らしいの」

と、ウッキーは男性に言った。

わたしは、ショパンの『幻想即興曲』を弾いた。頭の中のスピードに指は追いつかずミスタッチが多かったけれど、ウッキーは素晴らしいわ素晴らしいさやかちゃん素晴らしいなんて素晴らしいと褒めた。

男性も、素敵ですね、とわたしを褒めた。

夜7時をまわり、小一時間のお見合いは終了し、急いで家に帰った。

わたしは男性を突然のショパンで魅了してしまったかもしれない、と思ったが、その後ＬＩＮＥが続くことはなかった。

50歳、振り向かれるオンナになるには？

今夜も、街をゆく男たちは、わたしに振り向かない。

20代で上京したとき池袋の駅前の公園で「3万でどうだ？」と汚い男に声をかけられ、バカじゃないか、と唾をかけた。30代になり池袋で、もっと汚い男に声をかけられたときは「1万円でどうですか」と言われ、3分の1になったと驚いたが、唾をかける元気はなく丁重に断った。その後も池袋を何度も何度も歩くことがあったが、一度もそのような誘いはなくなった。こうなったら物は試しと公園を練り歩いてみたが、男たちはわたしをみなかった。

流行りのジレスタイルでショーウィンドウのガラスにうつる自分は、さほど30

代と変わっていないつもりだ。ブラデリスの育乳ブラで胸の位置も上げてるんだが、何か違うのだろうか。

だが、あれだ！

前向きに考えてみれば、モテなくて良かったとも言える。気になるオトコがみんな夢中になるような魔性のオンナだったら、こりゃとんでもないことになっていた。

思えば真面目に生きてきた。

できれば男性経験人数をもっと増やしたかったなあ。ＳＥＸに溺れる、ということも経験したかったなあ。

「フェラチオ同好会に入りませんか？」

仕事を通して会話をかわすようになった女性のメイクさんから、その誘いを受けたのは、30代のはじめだったように記憶している。

「え、すみません。何の、同好会ですか？」

「フェラチオ、です」

「あの、フェラチオ、というのは、性的な表現の、ですかね」

「そうです」


彼女は、至って真面目であった。


「さやかさん、テレビで、運動神経が悪いからSEXに自信がない、どう動けばいいのかわからないって」

「あ、はい。言いましたね！　バラエティですね！　はいはい。マグロじゃなくて飛び魚になりたいって、ええ、言いましたね！　ははは！　バラエティね！」


彼女は、一向に真剣さを失わなかった。


「さやかさんの、それ、凄くわかるんです」

「わかるんですか？」

「自信がないんですよね、要はSEXに」

「まあ、はい、動きがね、ダンスとか苦手で。ははは、いや、SEXって、そもそもそういうことじゃないのかな、はは」

「喜ばせたいし、上手くなりたいじゃないですか」

「はい、まあ、はい」

「そういった方たちの集まる同好会です。来ませんか？」

「あの」

「はい」

「一体、そこでは、何を、してるんですか？」

「レッスンです。フェラチオの」

「どうやって」

「先生がいらして。フェラチオがお上手な」

「フエラチオが上手な先生」

「はい、先生は女性で。男性が椅子に座って、一人。モデルさんになって。その方に先生がしてみせて」

「実際に、するんですか？」

「します、説明しながらだから、わかりやすいですよ、心配しなくても」

「心配、してましたかね、今、わたし。ありがとうございます」

「私たち生徒は、まわりを囲んで、先生のフェラチオをみながら。小さな、ほら、ヘアスプレーの缶ありますよね。あれ持って」

「髪の毛かためるやつですか？」

「そう、そのヘアスプレー缶の一番小さいのを、男性器に見立てて、先生の真似してやります」


世の中は広い。

わたしは盗み見したかったが、忙しさに加えて生粋の生真面目さでブレーキをかけてしまい結局は行かなかった。今だったら仕事休んででも行きたい。


40代、「誰かいい人いないかな〜」と軽く口に出していた。50歳になりスッとその言葉が出なくなってきた。身体のたるみ、ふいに鏡をみたときのほうれい線、記憶力の低下、たとえるならば、傷ものの賞味期限切れのリンゴが「あたし、どの桐箱に入ればいいかしら？」と言っているような気がするのだ。で、まわりのリンゴたちから、いやあなたは段ボールにも入れてもらえないのよ、十把一絡げのビニール袋でしょう、誰か教えてあげなさいよ、言えない傷つけてしまうもの、自分で気づくまで待ちましょうよかわいそうに、と思われているのではなかろうか、と感じてしまうのだ。

いい女っていうのは、どうやら男がほっておかないらしいので。

男運が悪い、というのは、言い換えれば（男にとって）女の性格に難ありとも言えるとのことなので。

そうなの？　悪かったね。

こうなったらせめてパートナーでなくていい。わたしの未来に一晩でいいから、色っぽいシーンは来るのだろうか。あってほしいと切に願っている。性欲がほぼなくなったら、男などどうでもよくなるような気もしなくもないが、それでも、運動だとしても、色っぽいシーンを希望したい。最近始めたヨガで柔軟性も手に入れつつあることだし、参加予定のフェラチオ同好会で腕前ならぬ口前も、ご披露しようと思う。50歳で、思い切った下ネタを言えるようになったことも、成長の一つだと思う。

ここで一句。

〝フェラチオの
技でオトコが
列をなす〟

恋愛中毒。その処方箋はあるか!?

「女性としてみられません」と面と向かって言われた記念日から、半年以上が過ぎた。

何かが変わったかと言えば、驚くことに変わっていない。

しかし変える！　という決意をすることにした。

彼を、わたしの人生から、追い出すという決意だ。

この半年の間、もっと緩く考えても、みた。ほとぼりが冷めた頃、また元のように戻ってみたりした。何故だか連絡がくるのだ。何事もなかったように。そしてまた会った。安堵もあった、楽しいときもあった、あれだけわたしがはっきりと気持ちを伝えた上で、それでも元のように会うというのは、さすがにそういうことでしょう、と、わたしは期待した。

だが期待は外れた。

彼は、ま、そちら側が会うというのであれば会いますけどね、という姿勢を崩さなかった。連絡をよこすくせに、あくまでも受け身の姿勢を崩さず、特別な感情は、こちらによこさなかった。わたしは、ますます憤り、彼との時間やお金を使った。だけど大事にされていると感じることはなかった。時間とお金を使えば使うほど、みじめになっていった。

わたしは、これまでもずっと大事にしてほしい、と思っていた。大事にされていると感じられないことは悲しかった。

だけど我慢した。わたしがいけないのだ、いけないところがある、だから、わたしが、性格を直せばいいだろう、我慢が足らないから苛々してしまう。彼は、その苛々が嫌なんだよね。わたしが、彼の話を笑って聞ける女になればいいだろう。わたしといても楽しくないんだよね。

わたしは、わたしなりに、頑張った。

だけど2人の間の空気が濁り摩擦が起こると、あっという間に、連絡がとれなくなった。この言葉を残して。

「やっぱり合わないと思うんで」

そして、いくつかあるグループLINEから勝手に消えた。

はい？　待ってくださいよ。

合わない、とかじゃなくて、聞いてくださいよ。思ってること、言ってくださいよ。わたしの話、聞いてくださいよ。

いや、そもそもこういうヤツだったよ。グループLINEから急に消えるという大人気ない嫌がらせをし、どうしたの？　と心配させ、ほとんど利用してないんでグループLINE迷惑かなと思って抜けました的な嘘をつく。

要するに性格の悪いヤツなんだ。

そして、
それを認めないヤツなんだ。

こんなクズ会ったことないわ、マジで。

わたしは、何年も感じてきた、そりゃないだろう、が、いよいよ頂点に来たようで熱が出てきた。もはや、友人に話すとか、愚痴るとか、そんなレベルの段階ではなくなった。熱はますます上がり意識が朦朧《もうろう》とする中で、わたしは腹の底から叫んだ。

ふざけんなよ!
あんた　どんだけ、わたしの世話に、なってきたんだよ!
返せよ!　時間!　返せよ!　お金!
返せよ!　コツコツ積み上げてきた自己肯定感!

頭の中は「復讐」の文字でいっぱいになった。頭から口から鼻から湯気が出て、軽く体温は40度はこえていたに違いない。熱くて細かく息を、ハッハッと吐きながらベッドにどかっと横になり、小刻みに震える手でスマホで検索した。

〝復讐　方法〟

わたしは、一つ一つ嗄《か》れた声で読み上げた。

無視する
殴る
腐った魚介類を送る
復讐代行を依頼
黒魔術の呪文で心臓をとめる

ハア、と大きく息をつきスマホを腹の上に置いた。
ニャーと声がして、隣をみると黒猫がわたしの脇でじっとわたしを見つめていた。黒猫は、いつもの愛らしいばかりの黒猫ではなかった。わたしは、どうしたの？　と聞くと黒猫は目を吊り上げニヤリと笑い、こう言った。

コロセコロセ

わたしは自分がどうかしてしまったかと思ったが、そういえばこの男に惹かれ始めたときから既にどうかしてしまっているよわたしは、と思い直し、もう一度黒猫に目をやってこう言った。

殺せはしない、復讐してやる死なない程度の、ネットは頼りにしない自分で考える、そうだね、彼氏を突然つくってみたり、仕事で成功するというのもありだ、あーむちゃくちゃ金持ちなりたいわ、あんたがいなくなって突然大成功するって屈辱的だと思わない？　とわたしは言った。すると黒猫は、ソンナモノ復讐ニナルモノカ、アイツハオマエニイッコモキョウミガナイノダカラと言った。わたしは、そんなことはない、わたしから一方的に追いかけてるわけじゃないの、電話もかかってくる、わたしの気持ちを知っていて連絡がくるんだから、嫌なら電話はしないでしょ、と返した。黒猫は、サミシクナレバレンラクモシテクルサ、ダガメンドウニナレバスグニオマエヲキルダロ、イツダッテキルダロ、オマエノキモチナドクモウトシタコトナイダロ、ソウイウヤツダカラヤメテオケトミンナガイッテイタダロ、バカガと言った。わたしは、確かに友達は彼のこと、やめておけと言ったけど、友達は彼を知らない、本当の彼を知らない、本当は、わたしが必要、彼は言えないだけ、浮かれてるわけじゃなくて、本当は、必要なの、だけどね、わたしは、それもわかった上で、もう離れると決めた、と呟《つぶや》く。

黒猫は、ホントウハホントウハッテナンダヨ、ジジツダケガコタエダロ、イイカ、オマエノコトナド、ドウダッテイイノサ、ワカッテイルンダロ、アイツノダイジナモノハ「ジブン」ダヨ。わたしは、そうだね、だけど、心のどこかでは、わたしが必要、心の中にあることは誰にも話せないかわいそうな人、みせられない人、何言ったって話が通じない人、孤独で気の毒、それをみんなは知らない、と言った。

黒猫は、言った。ハラノソコヲミセナイサ、ジブンノヨワサガミセラレナイノサ、ダカラツマンナイダロ、ツマンナイダロ、アイツノハナシ、ツマンナイダロ、ツマンナイダロ！

わたしは言った。つまらないですよ、恐ろしくつまらないですよ、だけど、つまらないと言ってくれる人はいないのよ、かわいそうじゃない、彼にはわたしが必要、つまらないと言ってあげないと。あんたの話はうわずみばっかで芯食ってない、鬼つまらん、つっこみづらい男、指摘してもらえない男、心のない男。黒猫はケタケタと笑いながら言った。クレイジーオトコトクレイジーオンナ、オマエハクレイジートミトメテルクレイジー、アイツハ、マトモダトオモッテルクレイジー、コロセコロセ！　アイツハオマエノコトダケヲ、クレイジーダトオモッテルノダカラ！

黒猫は繰り返した。

コロセコロセコロセコロセコロセ

わたしは黒猫を遮った。

うるさいネコ！　異常者だから異常者と通じ合ってきたんだ！　つき合いはじめは、わたしたちはプラスに通じ合ってきたんだ！

黒猫は、ハーと息を大きく吸って叫んだ。

モトモト、ツキアッテマセンカラー！

ザンネン！

すると黒猫が、すっくと二本足で立ち上がり、ギターをかき鳴らし、よくみると着物らしきものを着ていて、もっとよくみると、それは黒猫ではなく波田陽区だった。ジャガジャガジャガジャガと、無表情でギターを鳴らした。次の瞬間、波田陽区が2人になった。2人が4人に、4人が8人に、波田陽区は、どんどん分裂し、部屋中が波田陽区だらけになった。

わたしは、頭がグルングルン回って、はぁはぁと荒い息を吐き続けた。そのまま意識を失った。

夜中に目が覚めて、気がつくとわたしは驚くことに復縁を希望していた。いけないいけないと復讐を願ったが、気を抜くと、つい復縁を願っている自分がいた。

神様。わたしは、どちらを希望すればいいのでしょう。

復讐復縁復讐復縁、復讐復縁復讐復縁復讐復縁復讐復縁

「人が、話していたりするのがですね、聞こえづらいというか、景色もボヤーッと。映画をみてるようで、わたしと、世界の間に、膜があるような」

復讐と復縁を繰り返し願ったあとにやってきたのは虚無感であった。自殺した友人に感情移入する日が増えてきて、久しぶりに心療内科に行った。これはやばい、と自らクスリのチカラを借りようと思ったのだから、正気に戻ってきたのだ。


「いつからですか？」

「半年くらい前でしょうか」

「何か、原因が。思い当たるものありますか？」

「あります」

「どんな」

「人間関係です」

「なるほど、その方と、離れるということは、できますか」

「まあ、はい、まあ、できます」

現実的には、できる。

わたしが何年もしなかっただけで。

「あのですね、先生。眠れないし、食べられない、どんどん痩せていくんですよ。そうみえないかもしれませんが、痩せてきてる。集中ができない。何も。一応、やります。食事の準備。出かける支度。話しかけられれば、答えます。ですけど、から元気も出せてないような気がします。何もやる気が、ない」

数ヶ月前、わたしには、好きなことが、あったと思い出した。だけど、何をしたって楽しめなかった。わたしはいつの間にか、彼と会う時間や繋がっていることにだけ安心感を得るようになっていた。ここしばらくわたしが好きだったのは彼と、彼との時間だけだった。ウケる。死ねる。

「まずですね」

先生が、こちらを向いた。安心感を与える優しく強い目をしていた。医者め。早くクスリを出せ。抜本的解決は、お前にはできないんだから。


「世界との間に膜がある、というのは、離人感、と言うんですが」

「へー、名前があるんですか」

わたしは、か細い声で答えた。

「離人感、離人症。遠くで何かが聞こえているような感じ。無気力。青木さんの場合は大きなストレスのせいで、そうなっているのでは」

「はあ、じゃあ、そのストレスがなくなれば、また人の声が近くで聞こえるようになるんですかね」

「はい、きっと。あとは、心配なことはありますか？」

「あの、やる気も、出ません。元気がなくて、気力が、なくてツライです」

「その今の状態を、数字で表すとどのくらいでしょうか、普通の状態が、10だとすると、数字でいうと？」

「０・０５」

「低いですね」

「０・０２５」

「下がりましたね」


下がりましたね目キラリじゃねーよ。クスリ出せ。


「青木さんは鬱状態だと思いますので」

「……」

「気持ちを上げる薬を出しますので、試してみましょう。毎日飲んでいただいて」

「……」

「頓服的なものも、出しますので」

「……」

「それから、木を描いていただいた、バウムテスト」

「……」

「次回、結果が出ていると思いますので」

いいんです。なんらかの異常者で。今のわたしが正常だったら、そのテストは信憑性《しんぴょうせい》がないでしょう。お気遣いなく。

先生がバウムテストでどういったことがわかるのかを説明している間、わたしはその様子を遠くで感じながら、テレパシーで先生に聞いた。


なぜ、わたしは彼に傷つけられてなお、離れられないのですか？

なぜ、わたしは彼に傷つけられるたび、執着していくのですか？

なぜ、わたしだって彼を傷つけてるとわかっているのに、離れてあげられないのですか？

世間ではよくある話ですか？

よくある病名がつきますか？

共依存だと、言いますか？

でも、わたしにとっては、宇宙で、たったひとつの、愛のカタチだったのです。

先生は、何かをわたしに伝え続けていたがわたしは聞いていなかった。

狭くて四角い部屋を見渡すと味気ないその部屋の壁には味気ないカレンダーがかかっていた。話が終わり、ありがとうございましたと部屋を出て、さらに味気ない待合室のかたいソファに座ると、順番を待つ男性が下を向いて座っていた。絶望的なポーズをとってくださいと言われたときにとるポーズをしていた。だけど、この人だって正気に戻ってきたのだろう、だから、ここに自ら来ているんだと思う。

わたしはスマホをとり出した。

彼からの連絡は来ていなかった。

誰からも来ていなかった。

ここ数年は彼との時間を優先していた。

昨日、わたしは彼との写真を消した。その写真のわたしはとても可愛かった

し、楽しそうだったから、残したかったけれど、消した。会計を待つ間にIns
tagramを開いて、
人のこと傷つけといて、楽しく暮らしてるんじゃないよ。
寝込んどけ。
わたしがいなくてさみしいと、寝込んどけ。
わたしを傷つけて申し訳ないと、寝込んどけ。
生まれて初めて、心から反省しとけ。
わたしと出会って、初めて大切なことに気づきましたと、ツイートしとけ。
このドーナツ美味しいですとか知らねーし。
お前のドーナツ情報、マジで、世の中で一人も、関心ないから。
マジでマジで。

それとも

「このドーナツ美味しい」

このツイートは
あなたとドーナツ食べたいです、というわたしに対するメッセージですか？

今日のお薬を飲んで、
スマホをとじて、
寝るとする。

その日は広尾にいた。
時折ランチに行くその店は、大都会、広尾の駅前でありながら、店内に足を踏み入れると奥の窓全面に緑が広がっていて、それも自然林のような野生的な木々が鬱蒼《うっそう》と茂っていて、え、ここ広尾ですよね、軽井沢ではないですよね、と毎回同じ台詞を言ってしまう。グランドピアノが置いてある、赤絨毯を年配のボーイさんが、席まで案内してくれる。そちらでいただくカレーには、シルバーのトレーに福神漬けとラッキョウがついてきて、老舗の高級な味がする。何がいいって、それでいてリーズナブルで大抵お客さんがいない。つぶれないでください。

「さやかさん、今が恵みのときじゃないですか。良かったですね」

「はい」

「人は痛い目にあって初めて、成長するのですから」

「まあ、はい、それは、はい」

「成長するきっかけをくれた人には、感謝すること」


ランチの相手は、尊敬する人生の大先輩、鈴木秀子シスターである。


「でも、先生、ひどくないですか。わたしはわたしで反省しますが、相手もひどいですよ、これは一言、ひどいと感想いただきたい」

「ありがたいじゃないですか、離れてくれて。その人が、もっと一緒にいよう、なんて言ったら、あなたは子どものことも疎《おろそ》かになって、ますますのめり込んでいったでしょう」

「まあ、その可能性は0ではない、かもしれません」

「そうですよ、子どもを置いてどこかへ行ってしまう人だっているのだから」

今日、わたしは耳が痛い話を聞かせてもらいにきた。

相当、正気に戻ってきたのだ。

50年間、置いてきぼりにしてきたオトコ問題の抜本的解決に取り組もうと思ったのだ。ここで彼を忘れ、次の恋愛でここ数年の出来事を過去のものにするのもいいが、それで終わらせたくなかった。

離婚のときだって、ここまで疲弊しなかった。こんな目にあうことは、生涯の歴史に載せてもいいほどだ。この数年、もし他のことに集中していたら何かの天下がとれたかもしれない。無駄な数年を過ごしたもんだ。

だがしかし、元気を取り戻してきたら思い出した。


転んでもただでは起きないオンナ、それが、わたしだ!

復讐計画を中断し、自分に焦点を当ててみると、多かれ少なかれ、つき合った男たちとは似たような問題で、ダメになっているように思った。認めたくはないが、わたしにも、問題がある。いや、わたしに、問題がある。

そこに焦点を当てるのだ。

ドMの反省道を突き進むオンナ、それがわたしだ！

「先生。昔の話ですが。わたしにとって母は難所でした。うまくつき合うのが難しくて。母という難所は、なんとか越えられた気がするのですが、男というのも、わたしにとっては大いに難所でして。なんだか、コントロールが利かなくなる、というんですかね、こっちばかり頑張ってる、というんですかね」

「もっと、自分を知るといいですね」

「はい」

「自分をよく知るということは、自分とうまくつき合っていく秘訣ですよ。自分を知れば、何に自分は傷つくのか、怒るのか、嫌になるのか、わかってきます」

「そうですか。自分を知ること。わたしは悪い人じゃないと思いますが、はは」

「そうですね。あなたは、とても優しくて、人のためによく動くし、感謝されるでしょう」

「そうでしょうか、ははは」

「あなたがいると、気を遣ってくれるし、尽くしてくれるし、それは重宝されますよ」

「はあ、まあ、はい」

「だけど」

「はい」

「優しくしている相手が感謝しているうちはいいけれど、無視されて、当たり前だと思われると、怒りがわいてきませんか？」

「そりゃ、そうです。普通、そうですよね。おっと、普通、という言葉は使いたくないですが。普通は、そうじゃないんですか。でも、ま、自分で進んでやってるのに、お礼がないと怒るって、いやですね、わたし」

「エネルギーをそういうふうに使うタイプの人がいます」

じゃあ、人の為に、せっせと動いたりしなきゃいいわけだ。

「ですけれど、あなたは、人の為に動いたり尽くしたりすることに、喜びを感じる人でしょう」

「そうなんです。してもらうより、してあげる方が、楽しいです」

「そういう人はいますよ。だから、自分はそういうタイプだと、自分で自分を少し知ることが、今、できたじゃありませんか」

「というと?」

「自分は、人に尽くすことに幸せを感じるけれど、感謝されなくなったら、途端に激しい怒りに包まれて許せなくなる」

「こわい」

「相手が、さやかさんにありがとうありがとうと、感謝して惹かれ続ける。その間は満たされる。だけど、相手も人間ですからね、甘えて、してもらうことが当然になる、度が過ぎるともっと酷いことを言われたりするかもしれない、暴力をふるわれるかもしれない、そうした態度にどう対応していくか、それでも支えたいか、そこをしっかりと考えてみる必要がありますね」

現状無理です。

それを愛と呼ぶなら現状無理です。

「わたしは、男の人と、長くうまくつき合い続ける自信が全くありません。もっともっと、と求めてしまう。何か、を」

「外の人に満たしてもらおうと、度を越えて求めすぎないこと。誰かと楽しい気持ちでいることができて、心が満たされていれば、人はしあわせです。それ以上、感謝されるのは、ボーナスみたいなものです」

「ボーナスですか。毎月のお給料は自分で稼ぐと」

「誰かがいなくても、あなたが生き生きと生きていくことが一番大切だから」

ふぅ。わたしは生き生きと生きているつもりなのだが、オトコができるたびに、ああさみしさを埋めてくれ！　と叫びながらせっせとお金と時間を使う。

オトコができるたび、

わたしって、まださみしかったんだって、知るはめになる。うんざり。

「その人を満たしてあげることで自分が満たされようとするから。尽くして尽くして人にエネルギーを渡して、枯渇して怒りに転じていく。だからますます寂しくなるじゃないですか」

「なるほどです」

「自分で自分を満たせないと、一生死ぬまで寂しさが心を貫いて誰かを求め続けるから」

嫌だ。

そんな一生、嫌すぎる。

「さやかさん、自分で自分を褒めますか？」

「はい。頑張って、褒めています。断捨離も、そのお稽古の一つだと思っています。ですけど、ひとたび、なにか辛いことがあると、転げ落ちていくように自信を失う」

「そこから抜け出すのが、あなたの課題でしょうね。自分で自分を育て直す、認め続ける訓練ですね」

「石の上にも、何年だかという諺《ことわざ》がありましたね、二、三年、ですかね。まあ、一日では変わらないですよね」

「人から感謝はされないけれど、人に尽くせて嬉しいと、心から思えるようになれば、どんな人とでもうまくいきますよ」

「そうですか。今は、よくわかりませんが。感謝してくれる人が圧倒的にいいですが。いや。きっと、先生のおっしゃる通りなんだと、思います。今はよくわかりませんけどね」

「さやかさん、人に尽くすのはいいけれど、人の問題を背負い込まない、人には自分で乗り越えていかなくてはならない課題がそれぞれにありますから」

「はい」

「お相手の方に、感謝ですね」

「感謝、はい。くやしいです。はい」

「お相手の方は、あなたが親切にしてあげたお礼にあなたがあなたを自分で幸せにしてあげるようにお返しをしてくれてるんですよ」

「すごい発想。くやしいです。はい、わかりました」

「まずは自分と仲良くなりましょう。みんな自分とだけは、一生つき合っていかなくてはいけないのですから」

「さやかちゃん、最近、男の話、しないじゃない」
「そうですね、なんか、今、そうですね、しませんね」
「良かった良かった」

気のおけない女の先輩たちとの1泊2日の旅に出た。

「もうさ、困るよね、あんたさ」
「そうですかね」
「少し優しくされると、すぐ好きになるから」
「はは」
「どこがいいのか、わかんない男を」
「……」
「すぐに好きになるから、相手も事故にあったようなもんよ」

「……」

「大体、あんたの方が好きでもなんでもないのよ、気のせい、病気」

「……」

「あんた、本当に男を好きになったことないんじゃない、ないわよ、ないね」

「……」

「良かったわよ、ようやくまともになってくれて」

「ありがとうございます」


「男なんか、いらないじゃない。あんた、可愛いムスメがいてさ」

「子どもがいるから、男がいらないってわけにはいかないんですが、ま、でも、あれですね、娘との時間は心地よくなりましたね。きちんと、みてあげられている感じ、しますね」

「いいじゃない！」

「はい」

「さやかちゃんは、しばらく男はいらないね。できないだろうし」

「ですかね。えらい言われようですが、ここにいる全員、誰も彼氏いませんよね」

50代と60代の女性4人は、みなシングルである。


「いつか、そりゃ彼氏はつくるわよ」

「いつかいつかって10年以上聞いてますが、一体いつなんですか、それは」

「食事作ってくれる人が必要だし」

「お手伝いさんじゃないですか」

「頼りになる男がいないのよね」

「まあ、はい。あーあ頼りになるって、どんな感じですかね、どんな感じです？」

「知らない」

「夫婦2人で1組、みたいに頼り合うって、どんな感じですかね？」

「知らない」

「聞く人、間違えました」


だいぶ会話が流暢《りゅうちょう》になってきて、このあたりの人たち相手になら爆笑をとれるようになってきた。

まともになったと評判のわたしは、未だ彼のＳＮＳをのぞいては嫌な気持ちに逆戻りしながら、そのドーナツをわたしと食べたいというメッセージなのかもしれない、と西の空に沈む夕日を見ながら、頓服を飲んでいる。

独り身オンナの「お金」のマナー

8月。暑い暑い日のお昼過ぎ。

おなじみのロイヤルホストで人を待った。お昼時は過ぎてはいたが、店内は賑わっていた。夏休みということもあるのか、家族連れが多かった、おじいちゃんたちが孫を連れてパフェを食べている席もちらほらあった。わたしは、右奥のボックス席に座った。外を少し歩いただけで汗だくになっていたが、店内はその汗が一瞬でひくほど、クーラーがきいていた。汗で色が濃くなったコットンの青いチュニックはあっという間に乾いて元の薄いエメラルドのようなブルーに戻った。若い男性の店員さんにドリンクバーを注文し、ホットコーヒーを取りに行った。小学校低学年の女の子が、ドリンクバーの機械の使い方に戸惑っていたので、わたしが教えようとしたら、ますます戸惑って、「大丈夫です、大丈夫です」

と怯《おび》えた。知らないオトナに声をかけられたら断りなさいと指導されているのかもしれない。

20年お世話になっている税理士の小倉先生とお茶をするのは初めてのことだ。

わたしにしては珍しく待ち合わせ時間より早く来ていた。やる気が漲《みなぎ》っている。

今日のわたしは、違う。どこが違うって、まず、30分も早く来ている。

定刻に先生が現れた。挨拶もそこそこに汗を拭きながら先生は言った。

「青木さん、どうしたんですか？」

「早いでしょう？　そうなんです。お任せください」

「そうじゃなくて」

「あら違いましたか」

「青木さんがお金についてきちんと考えたいと言い出すなんて。お手伝いさせて

いただいている、この20年一度もなかった」

「はい」

「僕が何度言っても、一度も」

「先生」

「何でしょう」

わたしは窓の外を憂いのある目で見つめた。さすがに暑すぎる今年の夏はコンクリートの上で遊ぶ子どもたちはいなかった。奥にみえるスターバックスにはこちらを向きながらパソコンをあやつる若者がいた。スターバックスにいる若者は、それだけでオシャレにみえる。若者よ、毎日毎日パソコンで何をしてるか知らないが、お金について真剣に考えたことがあるのかい？

わたしはあるよ。それが「今日」だ。

わたしは飲み放題のホットコーヒーのカップに目を落とし口をつけてから、ゆっくりと目線を上げた。

「小倉先生」

「聞いてますよ。何でしょう」

「わたしは、お金と、向き合おうと思います」

「はい、だから何で？」

「落ち着いて落ち着いて」

「落ち着いてます」

「先生、理由の前に」

「何でしょう」

「まず、向き合うことを決めた、わたし自身、ですよ」

「はい」

「凄くないですか？」

「凄い？」

「凄い！」

「凄い、というか、心配になりますね」

「心配？　何が？」

「だから、20年一度もお金について考えなかった青木さんが、時間くださいお金について相談したいと言われれば、心配にもなりますよ」

「心配してくださって、ありがとうございます。いつもわたしのことを心配してくれて」

小倉先生は元々、事務所の芸人の先輩に紹介していただいた税理士さんで、わたしを含めて何人かの芸人さんがお世話になっている。ネプチューンの堀内健さんやゴルゴ松本さんとは、会えば小倉先生の話もする。

「青木さん。お金、なくなりましたか?」

褒められるかと思ったら、どうやら心配されている。安心してもらわねば。

「みてください」

わたしは、「持ってきてください」と言われていた通帳を数冊、ステラ マッカートニーのクリアトートバッグからとり出した。

「先生。お金、あると思います、これをみますと」

小倉先生は通帳をパラパラとめくった。


「青木さん」

「はい」

「これ、記帳しないと」

「なるほど」

「なるほどじゃなくて、去年から記帳していないから、わかりませんよ、これでは」

「なるほどですね」

これも、これも記帳していない、これは既に昔の通帳だ、と小倉先生はボソボソと言った。


「先生」

「何でしょう」

「わたしは通帳を持ってきました、全ての通帳を」

「はい」

「ですが、記帳してから、通帳を持ってきた方が、良かったわけですね」

「そうですね、できれば」

「なるほど」

「記帳は、してください」

「はい、一年に一度」

「もっと」

「はい、もっと」

「頻繁に」

「はい、頻繁に。頻繁？　頻繁頻繁と」

　忘れ物はしないと誓いロイヤルホストに来たが、通帳は記帳が必要だったわけか。一つ勉強になった。わたしは左の窓に目をやり、スターバックスの若者にフッと微笑みかけた。

「青木さん、お金、ありますか？」

あるかないか、それが謎だ。謎だからこそ、お金と向き合わねば、というわけだ。


「ないわけではないのですけど、まあ、手元には、ないですね」

「使っちゃう?」

「ふふふ」

「え?」

「使っちゃう、んでしょうかね、ふふ」

「どこにいくらあるか、把握してますか?」

「それが、よくわからなくて」

「そうですか」


褒められるどころか、雲行きが怪しくなってきたので、わたしはとりあえず先生にメニューをみせた。なんか食べましょうと提案したら、じゃあ食べましょうとなった。食事をすると空気は和む。店員さんが来て、食事とドリンクバーを頼んだ。先生のホットコーヒーを取りにわたしは席を立った。席に戻るとおもむろに先生は続きの話を始めた。


「青木さんね」

「はい」

「毎月、いくら自分で使うか、把握してますか？」

「う〜ん」

「わからない？」

「わからないです」

「青木さんね」

「はい」

「青木さん、とても稼いでいたときと、今では収入は違うわけですよ」

「はい、それはわかります」


わたしは、かつて、とても稼いでいたようだが、その頃もお金に無頓着だった。無頓着というか、だらしがないのだろう。お金がなかった頃、貯金がどれだけあるのか把握せずにパチンコやら麻雀やらに足しげく通い、消費者金融を「わたしの銀行」と呼んでいた。「わたしの銀行」から、借りられなくなると、またお隣の消費者金融に向かい、そこも「わたしの銀行」になった。いよいよにっちもさっちも行きません、という状態になったとき、わたしは売れた。超ラッキー人間である。自己破産もしなくて済んだし、北の方へ名前を変えて逃亡もしなくて済んだ。そんな人いるの？　次から次へとお金を借りて、と言われることもあるが、当時わたしのまわりはそんな人ばかりだったから、あまり気にしていなかった。あの頃、消費者金融を「銀行」と呼んだ先輩たちは、今頃、ホンモノの銀行にお金があるのだろうか。

わたしは、売れたが、給料明細もほとんどみたことがなく、銀行の残高も、たまにしか確認しなかった。

先生の方が、わたしの収支は知っているはずである。

「青木さん、いいんですよ、収入が減るのは。青木さんのようなお仕事は、当たり前のことですから」

コーヒーを飲みながら先生が言った。

「はい」

「問題は、そのときと、稼いでいたときと、使ってるお金が変わっていないことです」

「えー！」

「なんですか？」

「それ、大変じゃないですか！」

「大変ですよ」

「お金、なくなっちゃうじゃないですか」

「だから、ないんでしょう」

「あははは！」

「なんですか？」

「笑える」

「笑えません」

「先生、困りましたね」

「困りましたよ」

「そんなことになっていたとは」

「僕は何度も言いましたよ」

「聞こえていなかったのかもしれませんね」

「今、聞こえてますか？」

「聞こえちゃってます」


わたしは、再度ドリンクバーに立った。

先生のホットコーヒーと、わたしのホットコーヒーをとって席に戻った。

「先生、どっちのコーヒーがいいですか？　これとこれ。違う機械で淹れたの」

「じゃあ、こちらで。ありがとうございます」

先生は泡立ちのないコーヒーを選んだ。わたしは泡立ってるコーヒーの方が美味しそうにみえるのにな、と思った。わたしはひととき頭からお金を外し、コーヒーのことを考えてみた。しかし現実逃避している場合ではない、先生とお金の話をするために、この時間があるのだ。

「先生」

「何でしょう」

「だから。話の続き。あれ？　お金の、あれ。なんの話、してましたっけ!?」

「だからですね」

「はい」

「青木さんのお金の使い方がね、困りましたねという話ですよ」

「そうでしたそうでした、忘れてしまいたいくらいだったから、ドリンクバー行ったら忘れちゃった」

「忘れないでください」

　もうわたしはスターバックスの若者をみる元気がなくなっていた。伏し目がちにコーヒーカップをみた。泡立ちもなくなっていた。

「青木さん、何で使っちゃうんですかね」

「正直に言うと」

「はい」

「時間があるからでしょうね」

「え？」

「時間があるとね、使っちゃうんだと、思います」

だから毎日仕事があればいいんですけどねえ、そんなわけにもいかないですしね、軟禁されたらいいんですけどね、そんなわけにもいかないですしね、とグリルチキンを食べながら独り言のように唱えた。

世の中には、〝お金を貯める！〟という本も出ている。わたしも、大いに興味がありすぎ手にとる。どの分際で手にとってるんだ、と言われそうだが消費者の勝手だからほっといてもらおう。

最近読んだ厚切りジェイソンの節約術の記事を思い出した。〝支出の見える化をするように、癖でお金を使うなんて勿体《もったい》ないよ〟みたいなことが書いてあった。

わたしも節約するときがある。スーパーに並ぶお寿司やお惣菜が割引きされるのを待ったりするのだ。しかし、そのためにコインパーキングで時間を潰したりして、200円引きのお惣菜を買い、パーキング代が400円なんてこともある。あれ？　これは本末転倒ではないのか、と首をかしげながら帰ることもしばしば。わたしの話を聞いたらジェイソンさんは〝ホワイジャパニーズピーポー？〟とも言ってくれなくなるんではないだろうか。できるだけああいった考え方の人には近づかないようにせねば。呆れ返られるのはきびしい。


「青木さんね」

「あ、はい、先生」

「クレジットカードをもたないという生活、してみませんか？」

「します」

「できますか？」

「できるかどうか、よくわかりませんけれど、先生のご提案を全てやらせていただこうと思って今日は来ましたので」

「そうですか」

「ポイントがつくから勿体ないような気はしますけどね」

「ポイントより、大事なことです」

「ポイントより、大事、はい」

「青木さんね」

「はい」

「クレジットカードで使う金額が大きいんですよ、いくら使ったか、わからないでしょう？」

「わからないです」

「だから、お財布から現金が、出ていくなあ、お金がどんどん減っていく、という感覚をね、まずは感じてもらいたいんですよ」

「はい」

「そうすると、ちょっと使いすぎだな、とかね、考えると思うんですよ」

「わかりました」

「やれますか」

「やれます」

「凄いじゃないですか」


先生は、わたしを褒めた。

買い物や支払いの多くはカードを使っている。一日に使う額はわからない。カードで切れるなら買ってみよう、と思うときもある。

わたしも何度か、まずいなお金がない、と思ったことがある。使い過ぎに注意だわ、と思いながら雑誌をみていた。節約のために立ち読みだ。ペラペラとめくっていると、〝今年お金持ちになる財布はコレだ！〟みたいな特集が組まれていて、ふむふむ、これで金運が上がるわけ？　しかも、可愛い長財布。わ、可愛い、これいい！　これは買おうか。お金が貯まるというわけですから。しょうがない。買いますか。

そのお財布は可愛くて重宝したが、なにもしなくてもお金が次から次へとわいてくるお財布ではなかった。

グリルチキンを食べながら、わたしは父を思い出した。

教師だった両親は定年まで勤め上げた公務員だ。母はまとまったお金をわたしたちに遺してくれた。父は亡くなったとき、貯金はなく、お財布に4000円が残っていた。全財産が4000円というわけだ。その日暮らしをしていたのだろう。しかし、公務員を勤め上げ、退職金ももらっていたはずだし、マンションも贅沢な感じはなかった。一体何に使っていたのだろうと思ったけれど、なにかに使っていたのであろう。お金があると、使ってしまう、そういうタイプの人だったのだろう。時々、東京で開催される司馬遼太郎展に来ていた。芸人の仲間たちが一緒に飲んでくれた。「お父さんおもしれーなー」と、仲間たちは言ってくれた。アラスカに釣りに行ったりチベットになにかを探しに行ったり、わたしも父親じゃなかったら、面白がってもっと仲良くなれたかもしれない。他人ならいいよ家族だとたまったもんじゃないもっと普通がいい、と口癖のように言っていたが、普通って何。少なくとも金使いに関しては、わたしは父によく似ている。なんですぐ使っちゃうのかしら、後先考えないで、と父に思った。全く考えらんない、オトナなのに、と思った。

わたしもそうだ。

そして、わたしは、50歳。きっと、オトナ。

「青木さんね」

「はい」

「稼ぐか、使わないか、この二択しかないんですよ」

「稼ぎますか、先生！」

「はい、それはもちろん、そうしましょう」

「はい」

「青木さん、では稼ぐあてはありますか？」

「稼ぐ、あて。そうですね、本を出させてもらうことに。今書いてます」

「凄いじゃないですか」

「はい、おかげさまで」

「出版社からですか？」

「はい」

「青木さん凄いじゃないですか」

「はい、ありがたいです」

「自分で勝手に出すのかと思いました」

「そんなことは、さすがに。勝手に出しそうですもんね、わたし」

「そうですね、前の本も自費で出すのかと心配しました」

「ご心配いただいて」

「本が出るなら稼げますね」

「え、ああ、本、そうですね。まあ、そうですねえ。売れたら！　よーし。『窓ぎわのトットちゃん』くらい。売れたら！」

「楽しみにしています」

「あ、はい、頑張ります」

「他には、あてはありますか？」

「あて、稼ぐあて。そうですねえ、まあ、その、仕事はおかげさまでいただいておりますけれどもですね」

「はい」

「まあ、その、たくさん稼ぐ、となりますと、いや、そのまあ、頑張りますんで」

「青木さん、気持ちだけで行けるものではありませんからね」

「気持ちだけで、来た気もします」

「それであれば、大丈夫でしょう」


それから先生は、細々としたことを教えてくれた。ここで積み立てをしてはどうですか、とか、ここだというものにはお金を使うのはいいと思う、とか、いろいろ。わたしは覚えきれないので、やることを手帳に書き留めた。

「青木さん、事務所のマネージャーさんとお仕事のこと話し合ってみたらどうでしょう」

「あ、それはですね、させてもらっています」

「お金や収入についてもご相談されたらどうですか？」

「そうですね、そうします」

「そうなさってください」

「先生、そういえば」

「何でしょう」

「余談ですけど」

「何でしょう」

「わたしのマネージャーさんがですね、堀越さんていうんですけど、ベテランの方で」

「はい」

「岸部四郎さんを担当されていたことがあったんですって昔」

「そうですか」

「でね、青木さんは岸部四郎さんに似てるって」

「凄いじゃないですか」

「お金の使い方が」

「心配ですね」

「どこかに行くと骨董品買われていたって」

「心配です」

「わたしも好きですよ、骨董品！」

「骨董品は、今の青木さんに必要かどうかを考えましょう」

「あのね、先生」

「何でしょう」

「わたし、岸部四郎さんに似てるって嬉しくて！」

「そうでしたか」

「『ルックルックこんにちは』ですよ！　それもそうですけど、わたし、追っかけてるタレントさんてあまりいないんですよ、でもでも岸部四郎さんのことは、ずっと」

「そうですか」

「ブログも追いかけて、『ミヤネ屋』に出ると聞けば必ずみていてですね」

「はい」

「『ダウンタウンのガキの使いやあらへんで!!』も何度みたことか！　みたことありますか？」

「ないです、すみません」

「あのね、落とし穴に落とされて、元金持ちやぞ！　って怒るんですよ」

「よくわかりませんけど」

「むちゃくちゃ面白くて」

「はい」

「なにより、かっこいいんです」

「はい」

「あんな生き方がしたい」

「青木さん」

「はい」

「今日の時間を無駄にしないようにしましょう」

「岸部四郎さんに憧れながら、節約します」

「そうしてください」

小倉先生はわたしをじっとみていた。

わたしは、正視する自信はまだなかったので、久しぶりにスターバックスをみた。ずっとみてきた若者がパソコンの手をとめて、わたしをじっとみていた。わたしは若者からも目を逸らした。


「青木さん」

「はい」

「ネプチューンの堀内健さんがね」

「はい」

「お金の大切さがますますわかってきたんだ先生って言ってましたよ」

「あの貯金ができなかった堀内さんが？　凄い」

「青木さんも」

「わたしも成長してますかね」

「頑張りましょう」


スターバックスをみると、さっきの若者は、もういなかった。

窓の外はまもなく夕暮れを迎えようとしていた。
わたしは今度こそ先生を正視してしっかりとこう言った。
「もう一杯コーヒーを飲みましょう。
大丈夫、おかわり自由です。
大丈夫、現金で払いますから」
自信に満ちたわたしのことを先生はただただ、見つめていた。

離婚はレッテルか？
未来へのパスポートか？

親友ゴリけんが離婚した。

ある日の夜。

「凹《へこ》むわ」

「そうだよね」

「凹むわ」

「ゴリさん、聞いてるよ」

「青木さん聞いてくれ」

「聞いてるってことを聞いてほしいけどね、はい。聞いてます」

ゴリさんは、ため息をつきながら話し始めた。

「サウナでさ、知らない人たちとゴルフみとったんよ。そしたらさ、プレイオフになって」

「わたしゴルフわかんないけど」

「まあ、聞いてくれ。２人のゴルファーのうちの１人が、いいゴルファーなんだけど。１打目を木に当てて戻ってきてさ、それで２打目ミスって、３打目でグリーン乗せてさ、次が17メートルのパットなわけよ」

「それ難しいわけ？」

「むちゃくちゃ難しいよ！」

「はい」

「で、ああ、こいつはもうダメだな、とサウナでみんな思ってさ。多分、思ってたんよ、だけど、入れたのよ、17メートルのパット」

「うんうん」

「そしたら、サウナ全員が、オーッとなって沸いたのよ」

「うん」

「まあ、たとえるなら、離婚は、そんな感じだな」

「え？」

「似てるよ、それと」

「全然！　わかんないわ、本当にわかんない」

「青木さん、わからんかな、わかるやろ」

「わからないままでいいわ」

「聞いてくれ。だからさ、ああコイツもうだめかな、大変だなあって思われてるんじゃないかと思うのよ、離婚した俺のこと。みんなが。そのゴルファーみたいにさ」

「はい」

「だけど、あぁもう、こいつダメだなと思われたヤツの方が、山あり谷ありのヤツの方が、結果沸かせられると思うんよ！」

「はい」

「だから、俺は、頑張るよ」

「わたしの理解度が低いかもしれないけど。わかりました」

　久しぶりの長電話。

「まあ青木さん、とにかくさ、あれだな、お笑いライブでスベってる感じに似てるな。誰にも会いたくない、恥ずかしい、って、感じ、わかるだろ？」

「わかります」

「あのライブでスベった感じだよ、離婚した俺のことを、スベってるなあ、あいつ人生スベったなあと思われてると、感じてしまうのよ」

「うん。そう、かもしれない。スベってるとは思わないけど、ま、そうね。あの人ほんとにダメなんだ、と思われてるな、と感じたことはあるかなあ」

「そうやろう、そうだよ」

「ダメなところみせながらテレビ出てて、だけどプライベートも本当にダメなヤツなんだと思われたな、と感じたことはありますね、ははは」

「辛いよな」

「欠点は笑えるけれど、離婚となると笑えない欠点があるとみなされるということかね」

「烙印押された感じだな」

「そうだねえ、まあ。わたし離婚して10年以上経つから、あの頃の苦しさ忘れちゃってたけど。本当にダメなレッテル貼られたかなと思ったことあるもん。いやだいやだ。だけど、口には出したことないかなあ、離婚したからダメな人間だなんてことは。ほら、そんなこと言うと、離婚した人たちみんながイヤな思いするかなって、わたしってそこまで気を遣いながら発言する人間だからさ。ははは。ゴリさんと話してたら離婚のこと思い出してきたわ、ビール飲むわ」

わたしは冷蔵庫の中からお客様用にストックしてあるヱビスを取り出した。
ゴリさんがこのたび離婚をして、
わたしはとっくの昔に離婚して、
バツイチ友達になったというわけだ。

「青木さん青木さん」

「はいはい」

わたしは、冷えたヱビスをクッと飲んだ。

「吉田拓郎さんがさ、吉田拓郎。バツ2なわけよ。今、なんて言ってるかっていうと、前の奥さんたちが自分の嫌なところを持っていってくれて感謝してる。だから俺は今いられるって」

「へー」

「目標だよ、吉田拓郎さん。いつかそんなふうに言えたらいいよな」

続ける。

「綾小路きみまろさんがさ、綾小路きみまろ。結婚はカフェオレと同じだって。男がコーヒー、女が牛乳。これを互いに混ぜるのが結婚、混ぜてみると、最初は甘くてにおいもいい。ところが、だんだん冷めてきて、次第に脂が浮いてくる。元の牛乳やコーヒーに戻りたくても、もう簡単には戻れない。離婚にはものすごい労力が必要。だって、ろ過しないといけないですからって言ってんのよ。ほんとそうだよな」

「うん」

「わかるよな、きみまろさんの話。いやあ、大変だよ離婚は、大変」

さらに続ける。

「ハーバード大の調査でさ」

「凄いね、ひっきりなしに情報くるね」

「ハーバード大の調査でさ、８００人に調査したのよ、生まれてから死ぬまで、あなたは何に幸せを感じましたか？　って。聞き続けたのよ、８００人に。幸せを感じた瞬間、なんだと思う？」

「うーん」

「答えは、ほぼ、一つよ」

「あのね」

「結果はさ」

「ちょっと考えてんのに」

「いや、もういいよ、結果は、一つ。いい人間関係を築けたこと、それだけよ」

「だよね」

「だよねってなんだよ」

「そうだと思った。わたし、そう思ってるもん」

「後出しだな」

わたしは答えずにエビスをクックックッと飲んだ。

「今のハーバード大の話、やしまが教えてくれたんだ、やしま」

「やしま？」

「やしまだよ、やしま。やしまが支えてくれたんだよな、離婚前から」

「ありがたいねえ、やしま、くんて人」

「本当だよ、今もさ、さみしいから。毎日さみしいって聞いてもらってさ」

ゴリさんの素直さや正直さに、わたしはいつも驚かされる。わたしは、さみしいときにさみしい、なんて、友達にも言えないな。ということを、ゴリさんに伝えてみた。

「ゴリさん、そのやしまくんて人には言えるんだよね、さみしいって」

「キンにも、パラシュートにも、聞いてもらってるよ、さみしいって」

「そうなの。わたしはさ、さみしいなんて、言えない、言ったことないわ」

「さみしいだろ？」

「まあ、ねえ」

「言わんといかんよ」

「そうかね」

「そうだろ」


さみしい、と言える友達、いるかな。どこまでの本音で話すものなのか、ゴリさんと会話するたびに、わたしの本音だと思って話していることは実は心の奥にある本音の本音ではなかったことに気がついてしまう。

「俺はさ、離婚して、埋まらない、ロンリーがね、あるよね」

わたしも勇気を出して同意する言葉を出してみた。


「あるよ」

「ロンリーチャップリンや」

「わたしなんて極端に言えば、結婚してるときだって、さみしかった！」

「そうか」

「さみしかった！」

「そうか」

「さみしかったから不貞腐れていた」

「そうか」

「さみしいさみしいさみしい、ははは」


酔った上のさみしい宣言で、抑えつけていたタガが外れた。


「まあ、人は急に離婚するわけじゃないからな、離婚前が一番きつかったな」

「そうだねえゴリさんわかるわ。あの時間は、きついねえ」

「誰にも言えんしな。ツラさ。やしまと、キンと、パラシュートと、ひじやくらいにしか言えなかったからな」

「大勢に言ってんじゃん」

「そうかな」

「ああなんか、どんどん離婚したときのこと思い出してきた。さみしいときにさみしいと言えずに、不貞腐れることをね、わたしのクセね。気づいてほしくて、可愛くないわ、いやあ、可愛く、ない」

可愛くないわ、わたしは。ゴリけんの方がよほど可愛いわ。50歳になる可愛いおじさんは、今となっては知り合いみんなに、さみしいと言いまくっているのだろう。さみしいから痩身エステに通ってるんだと電話の向こうで言っている。なんのために通うのか知らんが前向きな行動、美しくなりたいなんて、可愛いじゃないか。

「青木さん、『家、ついて行ってイイですか?』みてる? テレビ。あれみると励まされるのよ、俺は」

「そうなのね」

「人生模様があるよ、いろんなさ」

「うん」

「あれはみといて損はないぞ」

「わかった」

「みんな、いろいろ抱えてんだな」

「そりゃね」

「俺さ、離婚してから、いろんな人に聞いてまわってんのよ」

「なにを？」

「どんな人生かを」

「へー」

「そしたらさ、みんな、いろいろあるのよ、大変なことがさ、あるのよ、パラシュートだって深掘りしたらいろいろあるよ、だけど普通の顔して笑いとってんだよな」

「そうだよねえ」

「青木さんも、いろいろあったよな、離婚、癌で手術してさ、パニック症もか」

「ああ、まあ」

「相当のインパクトよ、ズシンとくるわ、笑えないよな」

「そう？」

「いや、なかなかのインパクトよ」

「だけどさ、ゴリさん、世の中には、ほら離婚だろうが病気だろうが、まわりに伝えずに淡々と生活してる人って、多いよ」

「そうだよな」

「親の病気があったりさ、これくらいの年になると介護してる人は多いし、それが自分の更年期と重なったりしてさ、さらに子育てしながら自分の仕事」

「大変だ大変だ！」

「別に誰かに聞かれなければ、誰にも伝えずに淡々と」

「言わんといかんよ」

「言うとさ、ほら、なんか口に出すことによって大変さが倍増していきそうな気もするんじゃないかな、わかんないけど」

「倍増せんやろ」

「黙ってるのが美徳、みたいなとこあるかな、わかんないけど。わたしも、なかなか言わないかなあ、聞かれないと」

「そう言う日本人的な発想、やめようぜ、つらくなるばい」

「そうかね」

日本人的発想かどうかわからないが、家の中のことを、他人にみられるのを嫌がる人は多いように感じる。

電話の向こうでゴリさんはため息をついていた。


「青木さん」

「はい」


ゴリさんは、トーンを落としてこう言った。

「俺には、人を腹立たせる人間性が、ある」

わたしは思わず笑いそうになるのを我慢した。


「聞いてくれ」

「はい、聞いてます」

「みんな、俺に、腹を立てる」

「はい」

「誰も誕生日を祝ってくれない」

「そんなことはないでしょう」

「俺は気づいたよ。誕生日にさ、たくさんの人に祝ってもらえるヤツ、いるだろ」

「いるね」

「パーティーみたいになる人いるやんか」

「いるね」

「あれは、何でかわかるか？」

「そうね、あれは」

「答えは、人の誕生日を祝ってるから、自分の誕生日に人が集まるということだよ」


もはや答えなど待つつもりもなく話を続ける。


「人を祝うヤツに、人は集まるのよ」

「そうねえ」

「だから、人は集まらんちゃ、俺たちには」

「俺たち？」

「だけど、青木さんは偉いよな、自分を変えようとしてるもんな、5年くらい前から」

「わたしは離婚、ていうより、まあ徐々にというのもあるけど、病気とかね、親のこととかで」

「5年くらい前から急に優しい人キャンペーンみたいなの始めたもんな」

「キャンペーン中にわたしと話すと得だよ」

「俺も、反省したよ、だからさ、俺も人に気を遣いはじめた」

「あ、そう」

「なんか悩んでないか？　って、人に聞くようにしてる」

「なにも言われてないのに、自ら？」

「聞くね俺は」

「凄いね」

「聞いてまわる」

理解できない。

「青木さん、今回の離婚でいろんな人に言われたのよ。なにか困ったら連絡してきてねってさ」

「うん、ありがたいよね」

「いや、だけどさ、言えんやろ。本当に困ってるんですよーなんて連絡できんやろ」

「そうかな」

「しきらんしきらん！」

「そう？　わたしもそう言っちゃうな、なにかあれば連絡してねって」

「そりゃいかんよ」

「そうかな、だって、助けてほしいかどうかわからないから、でも近くにはいるよと。なにかあればもちろん助けにいくよ、その言い方が相手に負担ないじゃない？」

「青木さん、そんなんこっちから、のこのこじゃあ聞いてと言えんのよ、連絡しきらんよ俺は」

「そうかね」

「みんなそうよ、だから俺は自分から聞いてんの」

「なんて？」

「なんかあったか？　大丈夫か？」

「と聞くの？」

「聞くね」

「ほう」

「そうするとさ、話し始めるヤツがいるわけよ、ボソボソとさ。実は、こうなんです、ってさ」

「そうなんだ」

「だから俺は、そうか、話せよ、って聞いてやるのよ」

「話して助かる人がいるなら、ゴリさんがやってること、いいんだろうね」

「世の中さ、みんな、言えんのよ、だから俺は聞くね。自分から。コロナに友達が罹《かか》ってもさ、絶対俺から連絡するよ」

「わたしコロナなったけどゴリさんから連絡なかったわ」

「東京やん！　俺、福岡やから！」

「あ、そう」

わたしたちは同じ事務所の同期みたいな友人で、かれこれ20年くらいのつき合いだ。20年前はわたしが奢《おご》っていたけど、今はゴリさんがご馳走してくれる。九州で知らない人はいないタレントになった。


「青木さん、仕事して子育てして、大変やったろう」

「そりゃね、大変大変大変大変」

「俺も、これから大変だよ」

「ゴリさんと暮らすのよね、子どもたち。まだ小さいもんね。親権は、ゴリさんだっけ」

「まあな。だけど親権どうのこうのはどっちでもよくてさ、共同養育よ」

「共同養育って？」

「ママが近くに住んどるんやけど、週の半分くらい、うちに来て子どもと過ごすのよ」

「へー」

「泊まるの？」

「そうよ。二世帯住宅になっててさ俺の親が上に住んでるから、ママが来るときは俺は上の親のところに泊まる」

「いいカタチだね、離婚したけど、パパがいるママもいる」

「まあな」

「この形は、世間でいうところではシングルファーザーと呼ばれるのかな」

「そうだな。子どもが俺と基本暮らしてるというとさ、世間はさ、え、父親と暮らすんだ、母親じゃないいんだって空気あるのよ」

「あるのかもね、親権はママがもつだろう普通は、みたいな空気」

「それ、ひしひしと感じるからさ」

「うん」

「そうするとさ、別れた嫁さんがかわいそうだよ、なんかあんじゃないかと知らない人から思われたりしてさ」

「それは、かわいそうだわ」

「まぁ、何もないってわけじゃないけどな」

「それは誰でも、そうでしょう」

電話のあちら側が随分と賑やかだ。

「ゴリさん聞こえる？」

「聞こえるよ。今もママがうちにきてるからな、だから俺は映画館に向かってる」

「いいね」

「『サバカン　SABAKAN』みるよ、俺が出てる映画」


ゴリさんは、あと15分。映画始まるまでなら話せると言った。福岡の夜の映画館は賑わっているようで映画をみる前のうきうきとした若い人たちの上機嫌な雰囲気がこちらまで電話越しに伝わってきた。


「青木さん、どうやった？　離婚してから。仕事もさ、せないかんし、もっと上に上がりたいしな。子育てもせないかんしな」

「わたしが離婚したのは娘が確か2歳のときでさ、あー大変だった」

「……」

「倒れませんように、と、目標はそれでしたね。疲労で何度かばたんと倒れたもん」

「……」

「幼稚園保育所シッターさん、お世話になっていてさ、だけどお金という面では今日のギャラより娘を預けたお金の方が高くなるから、なんのための仕事かわからない時期もあったよね。だけど、仕事はしたいし休むともうお仕事なくなるんじゃないかという心配もあるしね。子どもとは、お金はかかるものなのだよね、そこがそもそもあまりわかってなかった」

「……」

「子どもとね、話そうとか時間作ろうと思うんだけど、家に帰ると疲れちゃってて、ママママって言ってくるけど、早く寝てくれないかな、って。寝なさい寝なさいって言ってたよね」

「……」

「だけどさ、ゴリさん、やっぱり仕事も大切だけど、今は子どもだよ、子どもとの時間、きちんと関わるということしかないと思う。それが一番だよね、わたしも自分に言い聞かせてる。ないがしろにすると、しっぺ返しがくると思うよ。仕事や人生うまく行かせたかったら、まずは、子どもだと感じてる」

「……」

「子どもが一番なのは当たり前なのよねえ、大好きなわけよ、何より。責任もあるわけだよね。だけど、一人で抱えるって重量級に重くてさ。誰か軽くして～。わたしの心を、誰か軽くして～。つい他に目を向けたくなるとき、あるんだよね、わたし、あるわ」

「……」

「仕事。わたし個人の幸せ。それはあとからついて来る。子どものことが一番だ、と思ってやっておりますかね、基本は」

「青木さん」

「はい」

「ごめん、聞こえんかった」

「そうだと思ってました20年大体聞いてないな、と思ってました」

ゴリけんは、わたしの渾身の嫌味も聞いていなかった。

「青木さん、だけどさ」

「はい」

「プラスに考えると」

「うん」

「離婚して、まあ、こういう感じやけどさ、このツラさがあってこそだな、ようやく、スターへのパスポート、もらったと思う」

「は？」

「これ悲しみがくるってことは、スターの素質があるってことだな」

「は？」

「スターへの階段、上りはじめたな俺は。光と影よ、スターはさ」

「冗談のテンションじゃないね、こわいわ」

「冗談じゃないよ」

「離婚がスターへの第一歩」

「青木さん、そういうことだよ。さんまさんも石橋貴明さんも、離婚してる。スターだよ」

「そこと並ぶの？　いやあ凄いね」

「ポジティブにいこう」

「はい。じゃあ、わたしは離婚してスター街道11年目」

「そうだよ、いいな！　ポジティブにいこう！」

ゴリさんは、もうすぐ映画が始まるからあと一つだけな、と口早に話し始めた。

「青木さん、島倉千代子さんが『人生いろいろ』歌ってたの、いくつかわかるか？」

「あの人、かなり若い頃に、だから」

「49よ、49歳で歌えるのよ、島倉千代子先生は、あの歌を。いろいろあったっちゃ。島倉先生の人生は苦労が多くてな。だからこそ、響くのよ、島倉千代子先生。歌は、『人生いろいろ』」

「青木さん、しっかり頑張れよ」

自分が辛いという話から、悲しみはスターの素質だと言い出し、最後はわたしを励まして、じゃあ俺の出てる映画みてくるからまたな、と電話を切った。
よかった。わたしには、わたしよりダメなオトナだと思える友達がいて。
わたしはぬるくなったヱビスをクッと飲んで、少し笑った。

50歳。はじまりの音しか聞こえない

「さやかさんの考え方って、面白いよね」

ある日の夕方。本の打ち合わせで訪れたおなじみのロイヤルホストで3杯目のドリンクバーを飲みながら鹿田さんは言った。彼女はわたしより一世代上の女性、編集者である。

「そうですか?」

「いや、面白い。ほら、50歳を迎える前に話したじゃない? 50歳からの生き方、はじまりの音しか聞こえないって、言ってなかった?」

「言ってましたか? 元気だったんですね、そのとき。フラれてなかったから、ははは。まあ、でも元気になれば、やはりスタート地点だと思いますね」

「いや、それが凄い」

「え、そうですか？　鹿田さんは、はじまりの音、聞こえませんでした？」

「聞こえない聞こえない」

「あら」

「私がというか、一般的に企業にいたら、大体この先会社でどの位置にいるか、とかわかってくるわけで」

「なるほど。そうなると、その会社にいた場合、50歳になって、はじまりの音しか聞こえないなんてことは、なさそうですね」

「あははは、ないね」

「会社にいると、後輩が上司になるなんてことが、あるわけですか？」

「あるある。それは普通」

「え、なんか、びっくりしませんか？」

「びっくりというか、そういうものだから」

　驚いた。サラリーマンは、大変だ。わたしはドリンクバー飲み放題をいいことに、温かいココアと炭酸水を交互に飲んだ。

「イヤじゃないですか？　昨日までの後輩が急に上司に。想像ですけど。どんな感じかな。あ、でも芸能界でも、あれですか？　後輩が売れて立場が逆転した、みたいな感じでしょうか」

「まあ、そうかな。それに近いかな。イヤというか嬉しくはないかもしれないけど、そういうものだから」

「そうですか」


わたしは、もっと質問したいことといっぱいあったけれど、もう少し打ち解けてから半年後くらいに聞いてみようと思い直し、温かいココアを飲んだ。


「だからね、さやかさんのその、はじまりの音しか聞こえないという発想が面白いのよ」

「大丈夫かコイツって、感じしますよね、なにかが目に見えてうまく行ってるわけでもないのに」

「だけど、50代ここからって、本気で思うわけでしょう？」

「それは思います。いつも。守りに入ってしまうとおしまいだと思うんです。攻撃は最大の防御なり」

「なるほど、凄いわ」

「守るほどの財がないとも言います」

「あははは」

「退職金も出ませんし」

「そうよね」

「鹿田さん」

「はい？」

「わたし、一般的でないんでしょうか？」

「え」

「わたしって。どう思われます？」

「さやかさん？　一般的では、ないよね」

「えっ？」

「えっ？　て」

「一般的では、ない」

「だってほら、なかなか芸能界に入ろうとは。そこでチャレンジするなんて、そして続けられるなんて」

「いや、わたしだって就職しようと思いましたよ、けど」

「うん」

「落ちたんですよ。受けた会社、全て落ちたんです。大学のチューターから、この企業は誰でも受かるけどブラックだから入らないように、と注意を受けた企業まで落ちたんですよ」

「あははは」

「いや、あははじゃなくてですね。驚きましたよ、わたしは。だから名古屋でタレントを始めた、という流れで」

「だからタレントを始めようとは、ならないから普通」

「いや、そうなのかもしれませんけど。タレントといったって名ばかりで、仕事はほとんどなかったんですよ。誰だって、自主的にタレントと名乗ればその日からタレントなのですから。それにね、上京したのだって彼氏に付いてきただけで、彼がいなくなってしまって、ギャンブルの借金が大きくて、もう売れるしかないって流れで」

「すごい流れ」

「かいつまんでお話ししたからドラマチックでしたけど、みんなありますでしょう、いろいろと」

「わたしは、そんなドラマチックではないわよ」

「言ってましたよ、トム・クルーズが。みんな、僕が特別なんじゃない。人は誰でもなんとかだって。なんとかの部分をちょっと忘れちゃいましたけど」

「そこが重要」

「調べていただいて。トム・クルーズ、じゃなかったかな、まあ、そのあたりの俳優さんですよ」

「曖昧な情報、話せる勇気も凄いわ」

「そういえばね鹿田さん。最近取材で、今の若い子は失敗するのを恐れていて安全な道を、と思う子が多いのですが、失敗の多い青木さんはどう思いますか？　って質問されて」

「あははは、うんうん」

「失礼な！　と思いましたけど、そうかわたしは失敗してると思われているのか～と」

「失敗、というか、二択があったとき、そっち選択しますか！　というのが一般的ではないんじゃない？」

「そうなんですかね」

「私の知る限りでも、そう思う、さやかさん」

「もし、二択があったら、より困難な方を選択しますね」

「それが凄いのよ」

「わたし、普通かと、思っていました。違う、一般的ではないかな、とは思っていたけど、自分で言うのと人に言われるでは、インパクト違いますわ」

「だから、面白いと思う人もいるんじゃないかしら、さやかさんの文章」


そうか。わたしは、非常に一般的で共感を得られているのかと思っていたのだが、少なくとも鹿田さんは、驚いたわその発想！　という部分に惹かれてくれているわけだ。

「わたしの人生の選択は一般的ではないのか」

しばらく、この問いは、わたしの中に残った。

そして思った。

50代、はじまりの音しか聞こえない？

わたしって、どれだけ能天気なんだよ！

かつて、20代の頃、売れなくて中小企業のだらしなく太った社長にパンツ売ったりパチンコ屋で落ちてる玉を拾い集めたり石を蹴飛ばしながら中野駅から野方のアパートまで歩いたりバイト先の雀荘でお米を2合ずつパチってきたり。たまに行ったテレビ局のトイレで髪洗ったりトイレットペーパー盗んだり。

職業は「芸人」というより「泥棒」だった。


その時代一番しなかったことは同世代の同性との会話であった。グアムに2泊3日で行ったりする女子の会話にはついていけない。ツアー代金とかショッピングとか海とかプールとか遺跡とかナンパとかホテルの部屋とかの話なんてどうだっていいよ（聞いたことないから想像に過ぎないが）。こっちは泥棒だぞ！

同世代の一般的を、わたしは最も知らないのだ。

しかし、その頃は、確かにはじまりの音しか聞こえなかった。なにも始まっていなかったから。NHKの若手芸人の登竜門、『爆笑オンエアバトル』に呼ばれれば頭の中で、はじまりの鐘の音が鳴り響いた。

カランカラン。人生好転！

そこからわたしは一つも守りになんて入らなかった。テレビに出るようになってから、収入に見合っていない背伸びしたマンションに越していった。夢を追いかける者背伸びして広い部屋に住むべし、人生好転！

時は２００１年。

ディズニーシーのグランドオープンに興奮した。ディズニーランドにもろくに行ったことないが興奮した。

本屋には、『話を聞かない男、地図が読めない女』が平置きで山積みになっていた。読んだことはないがタイトルから、良かった女だから地図が読めなくて当然だわ、と多分間違った解釈をして自信をつけた。

新宿の街には、『明日があるさ』が流れていた。

忘年会では、『明日があるさ』をサラリーマンがカラオケで歌っている映像をテレビでみた。『明日があるさ』が流行ったということは、きっと２００１年も苦しい人はいたのだ。

２００１年。わたしは確かにはじまりの音しか聞こえなかった。『２００１年宇宙の旅』みたいなものだ（意味不明）！

若かった。20代だった。

多くの20代が、きっと、はじまりの音が聞こえていたはずだ。人生はまだ多分、４分の１しか過ぎていないのだもの。

カランカラン

何度も聞こえた。わたしの脳内には。３年後、波田陽区がテレビで何度「残念！」と叫んだって、脳内には明るい音が鳴り響いた。

カランカラン

２０２３年。現在。50歳。

はじまりの音しか聞こえないって言ったって、具体的には、何があるんだろう。

頭に浮かぶのは娘の学費のこと。マンションのローン。来月の仕事。勢いで買ってしまった車の支払い。

本当に、カランカラン、と鳴っている？
わたしは落ち着いて自分と向き合った。
習ったばかりの瞑想をして、
よくよく脳内を覗いてみたら、鳴り響く音は
ドキドキ　ドキドキ
と聞こえてきた。
この先大丈夫かな、のドキドキである。
なにが50代、はじまりの音しか聞こえない、だ。50代、心臓の音しか聞こえない、じゃないのか。

ある寒い日ドキドキしたままロケに行った。

岐阜の街は20年前とは様変わりしていた。岐阜駅は綺麗に整備されており、駅前にはおなじみ、金色の織田信長像が立っていた。チンチン電車はなくなっていて柳ヶ瀬はシャッター街になっていた。お洒落で美味しそうな路面店のごはん屋さんはたくさんできていて、街の人は変わらず控えめで優しかった。

滞りなくロケが終わり岐阜駅に行くと人身事故でJRが止まっていた。近鉄で名古屋駅まで出ようという話になり、ロケチームみんなで近鉄岐阜駅まで歩いた。10分弱の道のりをわたしは何度か仕事をしているプロデューサーと会話しながら歩いた。

「ずいぶん寒くなってきましたねえ」

「岐阜は寒いんだよ、東京より。青木いたんでしょ？　岐阜」

「もう25年くらい前ですよ。岐阜放送のお仕事させていただいて。懐かしいですよ」

「長いねー青木も。この世界」

「ええ、長いんですかね。昨日始めたような気もしますが」

「おいおい、ベテランだろう」

「そうですかねえ」

「ベテランですよ、俺たちは。よくやってるよ」

50代のプロデューサー。


わたしは数日間、頭にあることを口に出してみた。


「この仕事って、一般的だと、思います？」

「なんの仕事？」

「タレント」

「一般的なわけないじゃん」

「即答！」

「だってそうだろ、違うと思った？」

「いや、え？　どうかな。まあ、そうかな。そうですね。え、じゃあ、昔この仕事、選びたいと思いませんでした？」

「選ばない選ばない！」

「えっ」

「すごいと思うよ、青木は。みんなさ。タレントさんは。しなくていい苦労して」

「えっ」

「すごいって話」

「すごい、は、いいんですけど、しなくていい苦労、ありますかね」

「あるじゃん、あるだろ、私生活もいろいろ言われてさ」

「まあ、ええ、ある、として、たとえばOLさんはこういった類の苦労は、ないんですかね」

「ないよ」

「楽しいんですかね」

「まあ、大体想像つく中で、楽しいだろ、それは」

「みんな、この仕事したいんじゃないかしら」

「やりたくないだろう」

「やりたくない？」

「やりたくないよ！」

「えっ」

「やらないなー近い人間にはやらせないなー」

「ええっ」

「すごいんだよ、青木は。選ばれてるんだよ」

「いや、ちょっと待ってください、選ばれた？　いや、その、急に褒められましたが、やらせたくない？」

「好きこのんでやりたい人はほとんどいないだろう」

「……………」

ＪＲから近鉄に向かう橋の上でわたしは立ち止まった。

「わたしは、何故、この仕事してるんですかね」

プロデューサーは振り向いた。かつて伝説のディスコ、マハラジャで黒服だった彼の目はギラリと光り、服から出ている皮膚は黒光りしている。そして囁《ささや》くように言った。

「選ばれてるんだよ」

「なぜ、わたしは」

プロデューサーはきびすを返して歩き始めた。

「才能だよ」

わたしも急ぎ足でプロデューサーを追った。

「なんか、褒めていただいてるんでしょうが」

「すごいんだよ、テレビに出てる人間は」

「テレビなんて出てよくやるなーと思います？」

「思うよ！」

「褒めてます？　けなしてます？」

「青木はすごいよ」

「聞いてます？」

「ギャンブラーだよ。離婚もしたし、すごいよ」

「えっ」

「近鉄の駅って、こっちなんだ。ＪＲと近鉄って、どっちが名古屋駅まで早い？」

「知らないです。わたしは、近鉄のことも、人生のことも知らない。混乱してきました」

「どうした、青木？　青木は、すごいよ。女芸人は、すごいんだよ。肝が据わってるよな。近鉄の駅まで結構あるね」

わたしは、とうとう、なにも聞こえなくなった。呆然と立つわたしに振り向いてプロデューサーはなにかを伝えた。

口の動きを読み取ると
「改札前で待っててください」
プロデューサーは、何故か最後は敬語でそう言った。そして、近鉄の切符を買いに走り去った。
わたしの脳内にはさらに激しく音が鳴り響いた。

ドキドキ　ドキドキ

名古屋駅に向かう近鉄の中は暖かかった。

わたしは一人温かい赤いシートに座り、切符を財布の中にしまった。財布に常備している精神安定剤を飲んで寝るしかないと薬を取り出そうとしたとき、小銭入れの中に今日のロケで行った金《こがね》神社の御神籤《おみくじ》を見つけた。

そうだった。わたしは、八つ折りになっている御神籤をゆっくりと開いた。

34番
［大吉］

願い事　油断は大敵ですがうまくいきましょう
待人　きます
商売　利益がありましょう

わたしは、薬をそっと元に戻し、目を閉じて脳内と繋がった。

カランカラン

ほら、やっぱり。

はじまりの音しか聞こえない!!

あとがき

わたしがかつて想像していた50歳とは、第一線を退き、感情に自分をもっていかれることなく、穏やかで、ゆとりがあり、鳥のさえずりに微笑みかけるように後輩に語りかけ、仕事人としても一個人としても「出来上がっている人」。

現実は、今なお必死に働き、塾のお金だ交通費だと計算し、SNSに四苦八苦し、太ったまた太ったと嘆き、暑さに苛つき、仕事場で「はい！　すみません！」と叫んでいる。

驚き桃の木山椒の木（昭和のギャグ）。

だが、悲観することはない。

わたしは、人からみれば少しばかりミジメにみえるときもあるかもしれないが、自分の心に聞いてみると、若い頃より圧倒的に楽しいのだ。あのとき、人生をおりなくてよかった、と思う瞬間が増えたのだ。いろいろあるけど、やっぱり、今日がはじまりだと思える毎日と、皆々さまにありがとう。

50歳をテーマにエッセイを書いてほしいと提案してくださった鹿田みちこさん。
山登りの時間を削り丁寧に編集してくださった桒田義秀さん。
岸部四郎さん&青木さやかのマネージャー、堀越勝広さん。
失恋！わかります！共感応援団、鈴木朝実マネージャー。
ひと目見たら忘れない最高の装丁。秋山具義さん。

そして、何より、本を手にとってくださった皆さまへ。感謝を込めて。

青木さやか

青木さやか
1973年愛知県生まれ。タレント、俳優、エッセイスト。

名古屋学院大学外国語学部卒業。フリーアナウンサーを経てタレントになる。

「どこ見てんのよ！」のネタがバラエティ番組で大ブレイク。

2007年に結婚、2010年に出産、2012年に離婚。

現在はバラエティ番組、ドラマ、舞台などで活躍中。

著書に『母』、『厄介なオンナ』、『母が嫌いだったわたしが母になった』などがある。

◎装丁・本文デザイン　秋山具義、山口百合香、高橋茉由（デイリーフレッシュ）
◎カバーイラスト　秋山具義（デイリーフレッシュ）
◎企画・編集　鹿田みちこ
◎編集　来田義秀（株式会社世界文化ブックス）
◎校正　株式会社円水社
◎DTP　株式会社明昌堂

50歳。はじまりの音しか聞こえない
青木さやかの「反省道」

発行日　2023年10月5日初版第1刷発行

著者　青木さやか
発行者　竹間 勉
発行　株式会社世界文化ブックス
発行・発売　株式会社世界文化社
〒102-8195 東京都千代田区九段北 4-2-29
電話:03（3262）5129（編集部）　03（3262）5115（販売部）
印刷・製本　中央精版印刷株式会社

ISBN978-4-418-23500-1